사랑의 강물은
쉬지 않고 흐른다

愛的川流不息　張煒 著

Copyright © 2021 by Shandong Education Press Co., Ltd.
Korean copyright © 2024 by Minsokwon Korea
Korean edition is published by arrangement with Shandong Education Press Co., Ltd.
ALL RIGHTS RESERVED

이 책의 한국어판 출판권은 산둥교육출판사(山東教育出版社)와의 독점 계약으로 민속원에 있습니다. 저작권법에 의해 한국 내에서 보호를 받는 저작물이므로 민속원과 협의 없이 무단전재와 무단복제를 금합니다.

장웨이張煒 지음
신진호申振浩 옮김

사랑의 강물은 쉬지 않고 흐른다

민속원

역자 서문

 산책길에 종종 젊은 부부를 마주치게 된다. 그런데 언제부턴가 그들 부부와 함께 있는 것은 아기가 아니라 강아지로 대표되는 반려동물인 경우가 많다. 정확한 통계수치는 알 수 없지만 우리 사회에서 반려동물을 키우는 가정이 크게 늘어난 것만큼은 분명한 사실이다. 또한 그 이유에 대한 각 분야의 원인 규명은 차치하고라도 반려동물에 대한 사람들의 인식이 크게 달라졌다는 것도 분명하다. 중국의 유명 소설가 장웨이의 『사랑의 강물은 쉬지 않고 흐른다』는 그런 점에서 반려동물을 대하는 우리 인식에 촉촉한 자양분을 제공해 준다.
 작가는 이 작품에서 '롱롱' '오소리' '얼룩 호랑이' '샤오라이' 등의 네 마리 동물을 주인공으로 등장시킨다. 반려묘인 '롱롱'은 현재 시점에, '오소리'와 반려견인 '얼룩 호랑이' 그리고 '샤오라이'는 작가가 어렸을 때와 젊은 시절의 과거 시점에 등장한다. '롱롱'의 갑작스러운 입양으로 촉발된 '오소리'와 '얼룩 호랑이' '샤오라이'에 얽힌 추억을 회상하는 방식으로 스토리는 전개된다. 50여 년의 시차가 있지만 그들 사이의 공통점은 명확하다. 그것은 바로 인간과의 교감이다. 반려동물을 키우는 많은 이들이 '우리 강아지' '우리 야옹이'를 '가족'으로 여긴다고 하지만 진정한 의미에서 그것들과의 교감은 염두에 두고 있지 않은 듯하다. 작가는 바로 이 점에서 우리에게 일깨움을 준다. 정도의 차이는 있지만 인간들과 함께 살아가는 동물들의 경우에 인간들의 생각과 행동을 상당 부분 이해하고 적응해 간다. 그렇다면 우리는 거꾸로 그것들의 생각과 행동을 얼마나 이해하고 있는지를 생각해 보게 된다. 그 해답을 작가는 이 작품에서 잔잔한 필치로 우리에게 알려주고 있다. 또한 반려동물로 인해 우리 삶이 얼마나 풍요로워질 수 있는지를 자신의 경험에 대한 회고를 통해 알려주고 있다.

신진호

차례

역자 서문 _ 4

롱롱이 왔다 — 9
깊은 사랑 — 12
커다란 골격 — 18
새끼 오소리 — 22
외할머니 — 27
야생동물 — 30
너구리 외손자 — 36
첫날 밤 — 40
옛날 얘기 듣기 — 45
유전 — 48
산 파는 사람 — 53
커다란 숲 — 58
답장 — 66
검은 악령 — 69
중추절 — 74
달을 좇는 사람 — 81
무슨 생각하니? — 85
성장했다 — 89
추운 가을 — 95
흐느껴 울다 — 99
길을 잃다 — 102

헤어지던 날	107
마음속의 말	112
생각	117
향기 나는 강아지	121
잘못을 저지르다	125
다른 방법이 없다	130
푸른 산	135
비 온 뒤 버섯 따기	140
명령	145
하서河西로 가다	150
총성	154
불가항력	158
샤오라이小來	163
네 번의 경험	167
너의 웃는 얼굴	170
마주보기	174
한 살	179
곁에서	183
아름다움으로 사랑을 바꾸다	189
강물은 쉬지 않고 흐른다	193

이 소설의 창작동기 _ 199

롱롱이 왔다

 롱롱은 남방 공항에서 하룻밤을 머문 후에 이튿날 오전 비행기에 탑승하여 지난濟南으로 왔다. 착륙 시간은 오전 11시 10분이었다. 마중 나간 것은 아이의 친구였다. 나와 가족은 일이 있어서 공항에 가지 못했다.
 이날부터 우리 집에는 새로운 식구가 하나 생기게 되었다.
 공항에 마중을 나가지 못했기 때문에 약간은 마음에 걸렸다. 시간이 다가옴에 따라 문을 열고 들어오는 순간을 생각하니 약간은 불안했다.
 마치 받아들일 준비가 안 되었던 것처럼 모든 일이 약간은 돌발적이었다. 한편으로는 주저주저하고, 다른 한편으로는 계획대로 밀고 나가고 있었다. 이렇게 해서 지금은 롱롱이 곧 들이닥칠 참이었다. 우리는 결국 황망해지기 시작했다. 좀 정확히 말하자면 흥분되고 충동적이었다. 사실 그전에 우리는 아무 일도 없어서 공항에 마중나가는 것이 마땅했었다. 하지만 마지막까지 시간을 허비한 것이다. 마치 잠깐 어떻게 해야 좋을지 몰랐던 것처럼 말이다.
 롱롱을 환영할 것인가 아니면 거절할 것인가, 이제는 이미 더 이상 문제가 되지 않았다. 롱롱은 곧 집에 들이닥칠 것이다.
 우리는 잠깐 창 앞에 서 있었다. 걸어 다니면서 기다렸다.

그리고 조용히 앉았다. 12시, 우리는 다시 걸어 다니다가 불시에 창 앞에 엎드렸다.

마침내 그들이 왔다. 나는 차 한 대가 건물 아래 멈추는 것을 보았다. 차 문이 열리고 어떤 사람이 조심스럽게 트렁크 같은 것을 옮겼다. 아주 정교하고 창문이 달려 있었다. 나는 그것이 어린 동물 전용의 여행용 캐리어라는 것을 알았다. 멀리서 나는 창문에서 조그마한 얼굴이 반짝거리는 것을 보았다. 눈은 잘 보이지 않았다. 우리는 엘리베이터로 뛰어갔다.

엘리베이터 문이 열리는 순간, 우리 눈길은 빠르게 그 조그만 창문을 포착했다. 창문 앞에 한쌍의 커다란 푸른 눈이 있었다. 그 눈은 우리를 응시하고 있었다. 아, 이것이 바로 서로 간의 '첫 번째 눈맞춤'이었다. 심장이 이상하게 쿵쾅거렸다. 그 눈은 너무 예뻤고, 구면 같았다.

새로 온 녀석이 낯선 상태에서 쏘다니는 것을 방지하기 위해서 우리는 사전에 막아놓았던 베란다를 잘 정리해 놓았다. 그곳에 고양이 모래 그릇, 물 마시는 도구, 그리고 부드러운 보금자리를 두었다. 롱롱을 재빨리 그 곳에 두었다. 롱롱은 유리문을 사이에 두고 우리를 쳐다보았다. 완전히 새로운 환경을 바라본 것이다.

나는 줄곧 놀라는 마음을 억제하려 노력했다. 롱롱은 장거리 여행을 했음에도 조금도 피곤해 보이지 않았고, 온몸에 활력이 넘쳐 보였다. 롱롱은 갈색의 두 귀와 눈 등을 제외하고 기본적으로 하얀색이었다. 키는 뜻밖에도 커서 다 자란 고양이의 몸집이었다. 롱롱은 6일 부족한 4개월로 체중은 3킬로그램이었다.

롱롱은 유리문 뒤에 서서 따스하게 물어보는 눈빛을 하고 있었고, 놀라서 허둥대지도 않았다. 롱롱은 조용히 실내에 있는 모든 것을 바라보고 있었다. 주로 새로운 주인을 보고 있었다. 우리는 그제서야 당초의 경계가 쓸모없는 것이었다는 것을 깨달았다. 계면쩍게 그 문을 열었다. 롱롱은 고개를 숙이더니 천천히 나왔다. 제일 처음 보여준 태도는 잊을 수가 없다. 얼굴 표정은 따스하고 엄숙했다. 그리고 사자 같은 발걸음으로 활보했다. 그렇다. 롱롱의 행동거지는 새끼사자를 생각나게 했다. 그리고 한 쌍의 앞발이 땅에서 떨어질 때마다 사자처럼 뒤집어 가면서 내딛었다.

롱롱은 그렇게 곧바로 걸어왔다. 정적, 편안함, 예절이 빈틈없었다. 먼저 여자 주인 곁으로 가서 몸을 그녀의 다리에 붙였다. 그리고는 얼굴을 올려 쳐다봤다. 그리고 나서 나를 향해 걸어왔다. 조금의 오차도 없이 방금 그 동작을 반복했다. 다른 점은 나는 롱롱을 즉시 떠나게 하지 않았다. 기쁨과 귀여움 때문에 억제하지 못하고 손을 내밀었다. 그리고는 뜨겁고 말랑말랑한 몸을 잠깐 안았다. 내 흥분이 끝날 때까지 롱롱은 조금도 움직이지 않았다.

나는 재빨리 나의 경솔함을 깨달았다. 그리고는 풀어주면서 말했다. "롱롱!" 나는 부르면서 오른손을 나도 모르는 사이에 롱롱에게 뻗었다. 마치 손님의 손을 잡는 것처럼. 이어서 벌어진 일은 오래도록 잊혀지지 않는다. 롱롱은 머리를 들더니 곧바로 오른쪽 앞발을 내 손에 올려놓았다. 귀엽고 하얀 손이었다. 나는 이 통통한 손을 잡고 연신 흔들면서 말했다. "안녕! 안녕!"

깊은 사랑

한 달 전에 약간의 의견충돌이 있었는데, 물론 롱롱에 관한 것이었다. 멀리 있는 아이가 순전히 호의로 우리에게 뜻밖의 '후한 선물'을 보내겠다는 것이었다. 이건 정말 약간은 우악스러운 것이었다. 우리의 동의를 받지 않은 상황에서 미리 롱롱에 관한 일을 정했고, 일부러 놀라움과 기쁨을 주려 한 것이다. 30여 일 후에 롱롱이 집에 나타날 것이라는 소식이었다.

우리는 깜짝 놀랐다. 이건 얼마나 큰 일인가, 도대체 이 일이 얼마나 큰지, 다음 세대인 아이는 전혀 몰랐을 것이다. 즉각 전화를 걸어 거절했다. 안돼. 의심의 여지 없이 내 말투는 단호했다. 하지만 이미 늦어 버렸다. 절차상으로 보아 저쪽에서는 이미 시작을 했다. 벌써 모든 관련 수속을 밟은 것이다. 쉽게 바꿀 수 없게 말이다. 가장 큰 골칫거리를 아이는 이해하지 못했다. 애완 동물 한 마리를 입양하는 것이 얼마나 어려운데? 어린 애 눈에는 이 일은 처음부터 문제가 되지 않았다. 얼마나 많은 사람들이 애완동물을 갖고 있는지 봐, 또 그것들이 얼마나 사랑스러운지 보라고. "보면 알아요. 조금도 마음이 끌리지 않는 건 아니죠? 정말 애완동물을 돌봐줄 능력이 없는 건가요?"

"아니, 그게 아니고," 나는 잠시 멈췄다. "이 일은 처음부터 말하자면 아주 번거로운 일이야." "애완동물은 걱정을 덜어줘요. 절대로 어른들이 상상하는 것처럼 번거롭지 않아요!" 나는 전화 저 편으로 말해주고 싶었다. 이건 번거롭냐 아니냐의 문제가 아니야. 또 그런 문제는 존재하지도 않아. "무슨 문제가 존재하나요?" '존재', 난 또 한번 멈칫했다. 나는 사실대로 말하고 싶었다. 존재하는 가장 큰 문제는 나, 우리는 이미 맹세했었어. 절대로 애완동물을 키우지 않겠다고 말이야.

하지만 나는 그렇게 말하지 못했다. 무릇 맹세는 모두 차갑다. 소리로 나가면 어길 수가 없다. 맹세를 어기면, 그건 얼마나 큰 일인지, 그건 분명 심각한 결과를 일으키게 마련이다. 맹세를 했으면 반드시 원인이 있게 마련이다. 이것들은 모두 현재 젊은 사람들이 이해할 수 있는 건 아니다. 이렇게 길게 이어지는 말들은 모두 반복하기 싫거나 꺼내기 싫은 말들이다.

나는 길고 긴 침묵을 지킨 다음에 퉁명스럽게 강조하듯이 말했다. "안돼, 다시 그것들이 우리 집에 오게 할 수는 없어. 그렇게 정했어."

전화가 갑자기 끊겼다. 하지만 이 일을 되돌리는 것은 이미 어려웠다. 한 달 뒤에 우리 집에 있는 이 고양이가 올 것이고, 아이는 이미 푹 빠져 있을 것이기 때문이다. 대부분 그걸 보면서 자랄 것이고, 또 한 달동안 크는 사이에 이름을 지어 줄 것이기 때문이다. 그걸 보자면 상황을 바꾸는 건 거의 불가능했다. 버린다는 건 정말 생각도 할 수 없는 일이었다. 내가 '맹세'라는 말을 입밖에 내지 않은 건 약간 걱정이 돼서였다. 그건 구세대 특유의 억지가 되기가 쉬울 것이다. 이런 일에 맹세가 필요하다고? 애완동물 한 마리 때문에? 할 말이 너무 많아서 도리어 잠시 말을 잇지 못했다.

결국 이렇게 대치가 계속되었다. 우리가 생각지도 못했던 건, 아이가 영문도 모르게, 고집을 부리면서 거절한다고 생각한다는 것이었다. 한 달이라는 시간이 빨리 지나가고 있었다. 결국 되돌릴 수 없는 사실로 변해 버렸다. 이 일의 심층적인 원인은, 소통의 어려움을 빼놓고도 다른 하나가 있는 것 같았다. 우리 마음속 깊은 곳에 그 맹세에 도전하고 있다. 어떤 가능성이라도 시도해 볼 수 있다. 우리도 롱롱이 오기를 바라고 있었는지도 모른다.

내가 말하고 싶은 것은, 깊이 사랑하기 때문에 거절하려는 것이다. 어떤 무서운 경험은 다음 세대 사람들에게 속하지 않는다. 그만의 두려움도 그들만의 것이 아니다. 누가 두려움을 가볍게 말하려 할까? 그래서 늘 말하고 싶지만 또 멈추는 것이다. 나는 그것이 집에 오게 할 수도, 우리 생활에 끼어들게 할 수도 없다. 나는 머뭇거리면서 말하고 싶었다. 이 곳에서의 생활이 아직 자리 잡히지 않았고 불안정하며, 또 불확실한 요소들이 있다. 요컨대 좀 더 지켜보고 기다려야 한다. 하지만 그런 말들은 할 수 없기는 마찬가지였다. 다음 세대는 놀라 눈을 동그랗게 뜨고는 말한다. "자리 잡히지 않았다고요? 안정되지 못했다고요? 도대체 어떻게 된 거예요? 외지로 이사갈 거예요, 아니면 어쩔 거예요?" 이런 질문에 대답하려면 처음부터 말해야 한다. 그건 아마도 엄청나게 많은 말을 해야 할 것이다.

나는 이 몇십 년 동안 우리가 그것들과 함께 얼마나 많은 이야기를 겪었는지를 말할 수 있을까? 감히 기억을 더듬지 못하는 것이다. 기억하고 싶지 않다. 나는 단지 간단명료하게 말했다. 나중에, 최소한의 조건을 갖추고, 그것의 안전을 확보할 수 있고, 모든 것이 평온할 때, 우리는 기꺼이 그리고 행복하게 그것들이 오는 것을 환영할 것이다. 우리는 말할 수 있을 거야. 우리 생활에 들어와. 전혀 문제 없어. 여긴 준비가 다 되어 있어. 하지만 지금은 안돼. 시기가 무르익지 않았어.

사실 충분히 파악되지는 않았다. 가장 기본적인 이 전제를 잃으면 우리는 가질 수 없고, 또 마음이 끌릴 수 없다. 이건 반드시 하나의 원칙이 되어야 하고, 변하지 않는 결심을 해야 한다.

이런 맹세는 사실 수십 년 전에 한 것이고, 또 혼잣말도 아니고, 마음속에 슬그머니 숨어 있는 것이 아니라 특별한 때에 특별한 사람이 증언한 것이다. 무릇 맹세는 반드시 그대로 실행되어야 한다고 말한 적이 있다. 그게 아니면 댓가를 치를 것이라고도 했다. 그런 후과는 누구라도 감당할 수가 없다. 두려운 것은 요 몇십년 사이에 맹세를 어기는 일이 여러 차례 일어났고, 뼈에 사무치는 경험을 하게 되었다는 것이다. 그런 일이 있은 다음에 나는 고요한 밤에, 한번 또 한번 따져 보았다. 어떻게 잊을 수가 있지? 어째서 이런 망할 일이 일어난 거지? 결국 발견했다. 맹세를 어길 때마다 마음속 전체가 무너져 버린 것이다. 애완동물들의 눈을 마주 보면서, 참신하고 활발한 생명을 마주하면서, 다른 모든 것은 아랑곳하지 않았다. 억제할 수 없는 거대한 기쁨이 강렬한 사랑의 마음에 수반되어 물결처럼 넘쳐났고, 결국 사람들을 빠뜨렸다. 이건 저항할 수가 없었다. 이렇게 해서 그 순간 맹세를 잊었고, 또 그것을 한쪽으로 던져 버렸다. 혹시나 하는 마음에 새로이 시도해 보고 싶은 생각이 들었다.

이건 슬픈 것 같다. 결국 비극은 언제나 이것 때문에 발생하는데, 거의 예외가 없다. 나는 여러 차례 발견하고 증명할 것이다. 자신의 생활은 이렇게 취약한데, 개인의 능력은 이처럼 작은데. 그렇다. 나는 언제나 애완동물들을 대할 면목이 없다. 심지어 나는 그것들이 편안하게 자신의 짧은 일생을 살아가게 할 능력이 없다. 그리고 이건 또 가장 최소한의 조건이기도 하다.

돌아보면 이성을 잠시 잃는 이유는 본질적으로는 일반적인 좋음이 아니라 사랑, 깊고 깊은 사랑 때문이다. 결국 아무리 걱정하고 두려워하고 조마조마해도 결국 이 깊은 사랑에 정복된다. 그것을 꼭 끌어안고 잠시도 떨어뜨려 놓고 싶지 않다. 이렇게 해서 그것들은 다시 우리 생활에 다시 합류하게 되고, 그 가족의 일원이 된다.

이번엔 우리가 안은 것은 롱롱이었다.

이쯤 되면 더 이상 할 말이 없다. 우리가 해야 할 일은 지나간 모든 일을 잊어버리고 모든 것을 다시 시작하도록 노력

하는 것이다. 우리는 이런 인식을 가져야 한다. 세월이 지나 이제는 롱롱과 화합하고 함께 새로운 삶을 누린다는 인식을 가져야 한다. 이것이 얼마나 귀중한 시간인가를 우리는 더욱 소중히 여길 수밖에 없다. 다른 선택이 없다. 롱롱의 큰 눈은 좌우로 훑어보고 있다. 잔잔함 속에 부드러움이 배어 있고 적당한 친밀감이 있다. 그 눈만 보고도 모든 것이 충족되어 인생에 더 바랄 것이 없는 것 같다. 그렇다. 아주 아름다운 생명 앞에서 무슨 말이든 쓸데없는 것이다.

커다란 골격

화기애애하게 새로운 환경에 빨리 적응하다니, 오는 순간부터 이곳을 자연스럽게 집으로 생각하는 것 같다. 기억으로는 이런 일이 전에 없었던 일이라 우리는 깜짝 놀랐다. 일반적으로, 새로운 생명이 타향에 오면, 낯선 사람 앞에서는 항상 불안하고 꺼림칙하기 마련이다. 왜냐하면 그것 입장에서는 모든 것을 익혀야 하기 때문이다. 그러나 우리는 롱롱이 극히 예외적이라고 느꼈다. 그 눈길은 안정과 친근함으로 가득 차 있었고, 모든 준비를 마친 것 같았으며, 이 새 집에 대한 모든 것을 진작부터 알려주었던 것 같다.

롱롱은 착한 학생처럼 미리 공부를 충분히 한 것 같았다.

4개월도 채 안 된 꼬마라는 것을 알아야 하지만, 몸만 보면, 이것은 어른 고양이로 착각하게 된다. 걸음걸이도 불가사의할 정도로 침착하다. 다만 그 표정을 자세히 보면, 귀엽고 연약하고 순수한 것을 발견할 수 있다. 이런 차분한 태도와 모습은 아마 타고난 것 같다. 깊고 깊은 놀라운 느낌이 롱롱이 오는 순간부터, 그것이 작은 손을 뻗는 순간부터 내 가슴속에 남아 있었다.

남은 일은 먼 곳에 있는 아이와 장시간 통화하며 궁금증을 풀고 지식, 주의사항 등을 얻는 일인데, 이전에도 많은 것을 알려왔었다. 나는 이런 설명을 들었다. "롱롱은 뛰어난 고양이에요. 롱롱은 형제자매 사이에서도 아주 특이했어요. 그런 것들은 아주 어릴 때부터 나타났었어요." "예를 들면, 롱롱은 골격이 큰 사람이에요." 이 말은 나를 어리둥절하게 했다. 그러다가 나중에서야 그것이 언어의 관성으로 그것을 '사람'이라고 부른 것이라는 사실을 깨달았다. 여기서 말하는 것은, 롱롱은 태어나자마자 덩치가 크고 발육상태가 아주 좋아 나중에 크게 성장할 거라는 거였다.

롱롱에게 재밌는 일이 많았는데, 모두 여기에 오기 전에 일어난 일이다.

예컨대 고양이 한 마리가 엄마를 떠나 다른 집에서 살기까지 보통 4개월이 걸린다. 이 시간은 생략할 수 없는 것이다. 왜냐하면 사람과 마찬가지로, 필요한 배움의 기간이 있어야 하는데, 전반 2개월은 유치원에서 초등학교, 중학교까지에 해당하고, 후반 2개월은 고등학교와 대학교와 같은 것이기 때문이다. 마지막으로 대학원생 학력은 새로운 가정에서 이수해야 하는 것이다. 앞부분의 학습 시간이 빠지게 되면 새로운 집에 오고 나서 어찌할 바를 모르게 되고 숱한 골칫거리가 생기게 된다.

롱롱이 소중한 것은, 롱롱이 '커다란 골격을 가진 사람'일 뿐만 아니고 형체와 함께 매우 발달한 마음의 지혜에 있다. 이건 정말 대단하다. 롱롱은 몇 마리의 형제자매 중에서 제일 처음 일련의 필수적인 재주를 배웠다. 어떻게 혀를 말아 고체와 액체로 된 먹을 것을 취하는지, 수면시간을 합리적으로 배분하는 것, 어떻게 화장실을 가고, 어떻게 자신과 환경위생을 처리하는지를 배운 것이다. 특히 배우기 어려운 것은 높이 오르기, 공 굴리기, 숨바꼭질 같은 몇 가지 게임이다. 혼자 있는 것도 대단한 능력이다. 이것 또한 어릴 때 길러야 한다. 즉, 어떻게 잠들지 않는 시간에 조용히 사고하는가. 고양이로서 이것은 반드시 길러야 하는 습관이자 재주다. 왜냐하면 미래의 많은 날들 속에서 많은 시간을 이렇게 보내야 하고 수많은 문제들을 이렇게 해결해야 하기 때문이다.

고양이 한 마리가 하루 동안 얼마나 많은 시간을 생각해야 하는지에 대해서는 많은 사람들이 개의치 않는다. 그들은 이런 행동을 졸음과 혼동해 깊은 잠과 얕은 잠을 나누는 경우가 많다. 사실 그것들이 한 곳에 있는 것은 졸고 있는 것처럼 보이지만 사실은 생각하는 것이다. 사람과 다르고 일반 동물과도 달리 고양이는 생각의 욕구가 매우 크고, 생각해야 할 일도 매우 많다. 그러나 그것들이 생각하는 내용을 인간들로서는 알 수 없다. 누군가는 이렇게 묻는다. 심각한 이치라 하더라도 그렇게 많이 생각하면 무슨 소용 있는가?

이런 소박한 물음은 반드시 일어날 것이다. 오랜 기간의 관찰로 형성된 견해는 이렇다. 고양이와 사람은 생각과 그 결과물을 대할 때 완전히 같은 것 같다. 인간의 많은 사고도 대부분 자신에게 남겨져 있다. 그 가운데 일부분만 꺼내 다른 사람과 공유한다. 고양이도 마찬가지다. 그것이 다른 고양이와 자신의 생각을 이야기하고, 표현하는 방식을 우리는 이해하지 못한다. 그것이 생활 속에서 만나는 많은 양의 사물은 반드시 자신의 뇌를 통해 걸러져야 한다. 이 세상은 고양이나 사람이나 너무 크고 낯설다. 너무 빨리 변해서 매일 새로운 것을 마주해야 한다.

롱롱의 대단함은, 유치원부터 대학까지의 학습단계에서 기본적인 과정을 이수하는 것 외에, 대학원생들의 일부 내용을 미리 섭렵했다는 것이다. 예를 들면, 사람들과 어떻게 어울릴 수 있는지, 몇 가지 예절 등을 배우는 것인데, 그건 매우 어려운 부분이다. 고양이는 사람과 말이 통하지는 않지만 교류는 필수적이다. 그래서 몸짓과 특별한 발성 기법을 터득해야 한다. 무엇보다 엄마를 떠나기 전 사람과 악수하는 것을 배웠다는 사실이 믿기지 않는다.

워낙 뛰어나 월반 졸업하는 우등생이어서 우리 집에 많이 일찍 왔다.

새끼 오소리

롱롱이 새로운 집에 온 지 첫번째 주에 어쩌면 생애 가장 어렵고 힘든 과제에 직면하게 될지도 몰랐다. 주변 환경에 대한 고양이의 민감성은 다른 생물체들보다 훨씬 뛰어나다는 것이 우리의 인식이다. 자신의 거처·식사 장소·화장실 등을 일일이 익히고 습관을 들이는 것은 물론 발자국이 닿는 구석구석, 물체 하나하나를 분명히 해야 한다. 그에게 있어서 이 새로운 세계는 이미지도 있고 냄새도 나며, 시간이 지날수록

이 모든 것을 많은 차원에서 파악하게 될 것이다. "오, 이것은 나의 집, 나의 가족, 나의 방, 나의 물, 나의 목소리, 나의 등받이 벽, 나의 발톱, 나의 인형, 나의 '괴이함'이야." 아직 이해하고 인지하지 못하는 것을 롱롱은 '괴이함'이라고 부른다.

최초의 날들에는 롱롱이 자신의 약간의 불안을 억누를지도 모른다. 그러나 이 중 상당수는 우리가 도와줄 수 없고, 스스로 처음부터 해결해야 한다. 그러나 결국 우리의 생각과는 달리 처음부터 끝까지 조금도 당황하거나 서두르지 않고 마치 여러 번 온 옛 친구처럼 일사불란하고 침착했다. 물론 그는 새 집을 알아야 하지만 쓰다듬든 냄새를 맡든, 주시하든 늘 여유로운 기색이다. 가장 감동적인 것은 주인이 다가오면 반드시 손을 놓는 일, 여러 가지 몸짓, 말하지 않아도 아는 눈빛으로 '대화'를 한다는 것이다.

그 순간 롱롱은 이랬다. 그것은 먼저 생기발랄하게 얼굴을 들고, 그 다음에 느릿느릿 앞으로 다가가서 가까이에서 지켜본다. 만약 우리가 손을 뻗으면 그것은 이마로 가볍게 문지르고, 이어서 몸을 가까이 기댄다. 말은 거의 하지 않고, 언어는 형체 동작을 사용하며, 눈빛을 더 많이 사용한다. 나는 이렇게 말하고 싶다. "롱롱의 눈보다 더 표현력이 있는 것은 본 적이 없다. 이것은 진정한 마음의 창이다. 때로는 함축적이고 심오하며 때로는 장중하고 냉정하다. 그 사이 태생적인 장난을 자제하고 조금은 자긍심을 갖고 서 있다. 다만 지나치게 빨갛게 달아오른 그 작은 입은 가릴 수 없을 만큼 여리여리해서 보는 이들의 웃음을 자아낸다."

우리가 줄곧 생각하지 못했던 것은 그것이 도대체 무슨 방법으로 처음 온 생소한 곳의 조바심을 풀거나 감추었는가 하는 것이다. 그리고 그 이해할 수 없는 차분한 행동은 한 종의 본성에서 비롯된 것인가, 아니면 어느 정도 자제나 수식을 거친 것인가? 이것은 작은 동물로 말하면 불가사의한 것이다.

그것은 나로 하여금 기꺼이 추측하게 만든다. 그것이 특별한 도량과 굴곡진 심지가 있어서 이 새로운 집과 새로운 집의 모든 것들을 받아들이고 통찰하며 이해하는 지경에까지 이른다고 말이다.

나는 다른 고양이를 생각하고 있다. 그것은 내가 가진 최초의 동물 친구다. 아, 어느덧 오십여 년이 흘렀구나, 그 날들이 얼마나 아득한지, 그러나 눈앞에 있는 것처럼 다가왔다. 그 얼굴과 목소리가 바로 어제인 것 같다. 그것은 이상한 이름을 가지고 있었다. 새끼 오소리. 이것은 외할머니께서 지어 주신 것이다. 그것이 찾아온 건 정말 전설이었는데, 그것은 내가 영원히 잊지 못할 것이다.

아주 일상적인 하루였다. 나는 친한 친구 짱짱과 함께 해변 숲에서 놀다가 날이 어두워질 무렵에야 집으로 돌아갈 준비를 했다. 길을 가는데 갑자기 종달새 한 마리가 머리 위에서 외치는 듯한 가쁜 노랫소리가 들려왔다. 그렇다. 그건 노래하는 것이 아니라 비명을 지르는 것이었다.

우리는 종달새의 노랫소리에 너무 익숙하다. 그것이 아무리 높이 날아도 땅 위의 작은 둥지와는 항상 수직선을 유지한다는 원리를 알고 있다. 말하자면 그것은 노래 부르면서 자기 집과 아이를 응시하고 있는데, 그것은 반점이 있는 알 몇 개, 또는 털이 보송보송한 작은 새끼 몇 마리였다. 나와 짱짱 모두 이 종달새가 정말 이상하다고 느꼈다. 우리는 고개를 숙이고 자세히 찾다가 그 새의 둥지가 분명히 근처에 있다는 걸 알았다.

찾고 찾다가 날이 어둑어둑해졌다. 그러나 우리의 날카로운 눈길을 피할 수는 없었다. 커다란 초가 옆에 교묘하게 작은 보금자리가 숨겨져 있었다. 그것은 매끄러운 풀바구니 같았다. 아, 안에 반점이 있는 알 네 개가 있었다. 세상에, 말을 해도 아무도 안 믿을 거다. 조그만 둥지 옆에는 주먹만한 새끼 고양이가 웅크리고 있었다. 그 고양이는 둥지 안의 알을 쳐다보면서 미처 피하지 못한 기색이었다.

나와 짱짱은 기쁨에 빠져들었다. 서로를 마주보고는 겁도 없이 약속이나 한 듯 손을 내밀었다. 새끼 고양이는 그제서야 몸을 피하기 시작했다. 하지만 이미 좀 늦었다. 고양이는 쉽게 우리 손에 들어왔다. 그 녀석은 놀라서 발버둥치며 이를 드러냈는데, 그 모습이 작은 악마와도 같았다. 솔직히 그 순간 나와 짱짱은 놀라서 하마터면 고양이를 놓칠 뻔했다. 하지만 고양이의 유혹력은 사실 너무 컸다. 결국 우리는 고양이가 긁어대는 것을 계속 참아내고, 꼭 껴안기만 했다. 미치지 않았다면 누가 이런 보물을 버릴 수 있을까.

우리는 길에서 고양이를 위로하고 숨을 내쉬며 말을 걸었다. 우리는 고양이에게 말해 주었다. 우리 빨리 집에 가자. 거기서 작은 새알보다 몇 배나 좋은 것이 너를 기다리고 있어. 고양이는 이 말을 듣지 않고 끊임없이 버팅기며 벗어나려 애썼다. 그 힘은 작은 몸에 비례하지 않았다. 만약 직접 경험하지 않았다면 누구도 작은 젖먹이 고양이 한 마리가 그렇게 힘이 셀 것이라고 생각지 못했을 것이다. 고양이는 곧 나와 짱짱의 팔을 할퀴었고, 그 바람에 옷도 찢어졌다. 우리는 그저 참고 그것을 끌어안았다.

외할머니

 곧 외딴 오두막집이 보이는데, 바로 우리 숲속 깊은 곳에 있는 집이다. 외할머니가 내가 집으로 돌아오길 기다리고 있다. 외할머니가 소리를 듣고 문을 나서서 우리 품속에서 허우적거리는 꼬마를 보고는 '아이고' 소리를 냈다. 외할머니는 우리보다 더 기뻐하셨다. 고양이가 반항해도 신경쓰지 않고 단번에 품속에 안았다. 마치 애기를 안는 것처럼 '오오'하고 소리를 냈다. 내가 줄곧 잊을 수 없는 이상한 일이 일어났다. 고양이는 계속 발악하고 격노하고 있었는데, 이때 갑자기 조용해진 것이다. 고양이는 외할머니를 빤히 바라보다가 잠시 후에 졸기 시작했다. 고양이는 정말 너무 피곤했을 것이다. 오는 내내 몸부림을 쳤으니 말이다. 이내 잠이 들었다.

 외할머니는 꼼짝도 하지 않고 안고 계셨는데 아마 깨울까 봐 그랬던 것 같다. 고양이는 정말 잠이 들었다. 이 순간에야 우리는 좀 가까이 다가서서, 단정하고 자세하게 설명하기 시작했다. 원래 이것은 짙은 회색에 온몸에 짙은 검은 반점이 있는 고양이로, 네 발톱의 앞부분만 하얀 색이다. 검은색 수염이 길어서 불규칙적으로 자랐는데, 아마 이것이 외할머니께서 나중에 이름을 지어주신 근거가 된 듯 하다. 잠시 후에 고양이는 잠이 들었다. 그것은 잠들어도, 얼굴에 무시무시한 기색이 역력하다. 그 모습은 정말 무섭다. 이전에 본 적이 있는 고양이 중에서 이런 건 없었다. 하지만 왠지 모르게 고양이의 험상궂은 모습이 오히려 더 마음에 들었다.

우리는 그것을 위해 보금자리를 마련하고 거처를 정리하는 것을 서둘렀다. 우리는 작은 버드나무 바구니를 흰 꽃으로 깔고, 또 고양이를 위해 가장 좋은 파란 꽃 자기 접시, 작은 새가 그려진 밥그릇과 물그릇을 찾아냈다. 또 무엇을 해야 하나? 나와 짱짱은 상의했다. 고양이에게 장난감이 몇 개 있어야 한다고 생각했다. 그래서 내가 너무 아껴서 갖고 놀지도 못하는 장난감 병아리를 고양이 집 곁에 놔두었다. 이건 외할머니가 나에게 주신 것이다. 줄을 충분히 당겨 주면 쉽없이 날개를 퍼득거리는 장난감이다.

고양이는 여전히 외할머니 품속에서 잠들어 있다. 고양이 집에 물과 노른자를 섞은 미음이 차려져서 고양이가 깨어나서 먹기를 기다리고 있었다. 나와 짱짱은 아무 일도 하지 않고, 계속 쭈그리고 앉아 고양이가 밥먹는 모습을 보려고 했다. 고양이가 우리 집에 와서 어떻게 첫 끼를 먹느냐, 이것은 정말 작은 일이 아니다.

곧 이어 예기치 못한 일이 일어났다. 고양이는 외할머니의 품에서 눈을 크게 뜨자마자 벌떡 일어났다. 방금 그렇게 오랫동안 잠을 잤던 것은 생각도 안 하고, 다시금 서먹서먹해져서 놀란 모습을 보였다. 이빨을 드러내면서 '치치'하는 소리를 냈다. 등에 있는 털이 일제히 곤두섰다. 이것은 사람을 놀라게 하는 흉악한 모습이다. 또 그것이 작다고 해서 위력이 떨어지지는 않기 때문이다. 나와 짱짱은 오랫동안 가까이 접근하지 못했다. 어떻게 할까 궁리하고 있는데, 고양이는 뜻밖에 높이 뛰어오르더니 좌충우돌하기 시작했다. 우린 정말 무서웠다.

외할머니는 그래도 미소를 지으며 조금도 초조하지 않은 듯 허리를 살짝 굽혀 새로 만든 보금자리 쪽으로 다가가 밥과 물을 살짝 옮기고는 한쪽에 앉았다. 그러면서 나와 짱짱도 한쪽에 잘 있으라고 했다. 이렇게 약 5, 6분이 지나자 고양이의 등줄기 털이 점점 가라앉았다. 눈은 가늘어져서 저쪽에 있는 보금자리와 먹이를 한 번 본 것 같았다. 그러나 고양이는 방구석에 꼼짝 않고 엎드려 벽에 몸을 바짝 붙이고 언제든 뛸 채비를 갖추고 있었다.

외할머니는 일부러 자기 일로 바쁘면서 고양이를 가끔 쳐다보기만 했다. 얼굴은 막내에게나 하는 그런 웃음을 짓고 있었다. 나는 좀 이상한 점을 발견했다. 고양이는 나와 짱짱을 외면하고 있었는데, 얼굴을 들어 할머니를 몇 번 쳐다보고는 다시 혀를 오무렸다. 외할머니는 여전히 손을 바쁘게 움직였고, 낮은 소리로 흥얼거렸다. 노래도 아니고 가사도 없었다.

이 소리는 아마 어린아이가 듣기 가장 좋은 것 같았다. 어쨌든 나는 들으면 아주 편안해진다. 고양이는 눈을 가늘게 뜨고 있었다. 하지만 이번에는 잠들지 않았다는 것을 알고 있었다. 고양이는 잠들지 않았다. 외할머니는 우리에게 눈짓을 하시고 밥상 쪽으로 걸어가셨다. 나는 그제서야 배고픔을 느꼈다. 배가 너무 고팠다. 우리는 밥을 먹기 시작했다. 그러나 나와 짱짱의 주의력은 곧 다시 고양이에게로 옮겨갔다.

그 곳. 우리가 밥을 다 먹을 때까지 또 시간이 오래 지났다. 고양이는 가수면 상태였다. 귀가 경쾌하게 움직이고 눈은 시시때때로 우리를 주시했다. 날이 갈수록 어두워지니 외할머니는 램프 불꽃을 좀 크게 올리셨다.

고양이는 희미한 불빛 아래 앞발을 죽 뻗고 턱을 갖다 댄다. 외할머니가 웃으셨다.

야생동물

우리의 작은 초가집은 들판 숲속 깊은 곳, 사방에 이웃이 하나도 없는 곳에 있다. 우리와 가장 가까운 곳은 동북쪽 10여 리의 원예장이며, 다시 서쪽으로 더 가면 더 먼 강 서쪽 기슭에 숲이 있다. 짱짱의 할아버지는 좀 더 가까운 곳에 있는 작은 과수원에서 과수원 지키는 일을 하신다. 그 과수원도 원예장에 속한다. 짱짱과 할아버지는 함께 사는데, 어느 날 우리 초가집에 와서 나의 좋은 친구가 되었다. 아버지는 일년 내내 남쪽의 큰 산에 계시는데, 거기에 아주 큰 수리 공사장이 있다. 아버지와 동료들은 큰 산을 뚫어서 산 너머로 물을 끌어오려고 한다. 나는 외할머니에게 "아버지는 언제 돌아와요?"라고 물었다.

할머니는 말했다. "큰 산이 뚫리는 날."

할머니는 큰 산을 언제 뚫을 수 있을지에 대해서는 말하지 않았다. 하지만 나는 이 사실을 기억해 왔다. 나와 아버지 사이를 가로막고 있는 것은 사실 큰 산이라는 것을.

엄마도 안 계셨다. 평소에 엄마는 그 원예장에서 일용직으로 일하는데 2주일에 한 번은 돌아오셨다. 그래서 우리 집에는 2주마다 한 번씩 명절이었다. 이것은 모든 사람들의 명절보다 많은 것이었다.

명절을 쇠는 것이 얼마나 좋은지는 우리 집에 와보면 안다. 외할머니는 먹을 것을 다 모아 놓고 새 것을 첨가하는 방법을 썼다. 그리고 나서 그 날을 기다렸다. 엄마는 돌아오지 않았다. 맛있는 걸 어딘가 숨겨 놓으면 정말 찾고 싶었다. 다행히 나는 언제나 참았다.

참는 방법은 초가집 밖으로 나가는 것이다. 좀 멀리 가서,

동쪽 수로 옆의 그 흰 꽃 위에 뒹굴면서, 하늘의 종달새가 부르는 노래를 들으며, 짱짱이 뛰어올 때까지 기다리는 것이다.

지금은 완전히 달라졌다. 새끼 고양이 한 마리의 합류로 우리 초가집에는 벌써 세 식구가 되었다. 이런 흥겨운 분위기는 전에 없던 것이다. 나는 방을 떠날 수가 없었다. 외할머니가 공식적으로 '오소리'라는 이름을 지어주셨는데, 보면 볼수록 좋은 이름이다.

외할머니 혼자 바쁘시고, 나는 혼자 오소리랑 놀았다. 고양이와 많은 말을 했다. 고양이는 더 이상 질주하지 않았다. 내가 가까이 갈 때 뛰어오르지 않는다. 내가 손을 내밀면 고양이는 동그란 코를 찡그리고 입에서는 익숙한 '치치' 소리를 냈다. 이 소리는 예전처럼 무섭지는 않지만, 내 손을 재빨리 움츠리게 한다. 나는 용서를 빌었다. "어제 숲속에서 너의 좋은 일을 망쳤다면 지금 내가 사과할게. 우리가 너를 억지로 안아왔는데, 그건 네가 너무 좋아서야. 며칠이 지나도 네가 여기가 싫다면, 우리는 너를 원래의 장소로 돌려보낼게. 정말이야."

마지막 말을 외할머니가 들었다. 외할머니는 고개를 갸웃거리며 나를 쳐다보셨다. 눈빛이 칭찬하는 모양이었다. 나는 마음속으로 말했다.

"못됐어. 넌 제발 우리가 있는 곳을 좋아해야 해!" 나는 한 마디 덧붙였다. "넌 숲으로 되돌아가서, 만약에 우리를 보고 싶으면 언제든지 돌아와도 좋아." 이렇게 말하면서 나는 고개를 들어 창을 보았다. 그 위에 고양이가 뛰어넘는 것을 방지하는 그물이 있었다.

나는 고양이를 애 취급하고 옆에 앉아서 소곤소곤 이야기를 했다. 나는 누구나 숲속의 이야기에 매혹될 수 있다고 생각한다. 고양이도 예외는 아니다. 문제는 고양이가 알아들을 수 있느냐는 것이다. 그걸 나는 조금도 이해하지 못한다. 그러나 나는 고양이가 다소 알아들을 수 있으리라고 믿는다. 그건 가능한 일이다. 고양이는 외할머니 말을 잘 알아듣는다. 입을 열고 말을 하거나 흥얼거리면 고양이는 살짝 얼굴을 돌리고, 귀를 쫑긋거린다.

외할머니의 목소리는 일반 사람과는 달랐다. 부드럽고 따스하고 약간은 달콤한 맛이 났다. 한밤중에 할머니는 늘 이런 목소리로 나를 꿈나라로 보내 주셨다.

외할머니는 마음에 담아둔 이야기가 정말 많으시다. 아마 내게 들려준 것은 전체 이야기의 100분의 1밖에 되지 않을 것이다. 할머니의 이야기는 단지 숲에 관한 것만이 아니라, 멀리 있는 것, 예를 들면 도시, 또 더 멀고 먼 어떤 곳인가에 관한 것이다. 어떤 이야기는 시작만 하고 멈추었다. 아마 할머니는 후회했을 것이다.

숲속의 이야기라면 외할머니보다 더 많이 알고 있는 사람이 있는데, 그 사람은 약초 캐는 라오광老廣이다. 이 사람은 일 년 내내 숲속을 돌아다닌다. 큰 주머니를 메고 다녔는데, 그 안에 그가 찾아낸 보물이 전부 들어 있어, 사람으로부터 멀리 떨어져 있어도 이상한 냄새가 났다. 나는 이 큰 주머니에도 이야기가 가득 들어 있고, 그것들은 약초와 함께 냄새를 풍긴다고 늘 생각했다. 그는 숲을 드나들며 늘 우리 집을 지나가야 한다. 앉아서 물 한 그릇을 마시고 나서 끝도 없이 이야기하기 시작했다. 그의 이야기는 듣기 좋고 또 무섭기도 해서, 한밤중에 깨어날 때가 많다. 외할머니는 뒤에서 말씀하셨다. "그 사람이 너를 놀린 거야. 이야기를 해서 아이를 놀래키는 거란다." 나는 오히려 라오광이 말한 것이 대부분 사실이라고 생각한다.

오소리가 우리 집에 온 지 이틀이 다 되어가는데 물 한 모금 먹지 않았다. 나와 짱짱은 다급해져서 손을 비볐다. 우리는 모두 외할머니가 참지 못하고 그것을 놔줄까 봐 걱정이 됐다. 그럼 큰일이다. 우리는 오소리를 보면서 또 외할머니의 일거일동을 주시했다. 다행히 외할머니는 때맞춰 오소리에게 물을 주었다. 하지만 마시도록 재촉하지는 않았다. 이런 식으로 3일째 되던 날, 아침 일찍 일어나 나는 예전처럼 오소리 집에 제일 처음 눈길을 주었다. 그리고는 뛸 듯이 기뻤다. 도발陶鉢과 푸른 꽃접시가 텅 비어 있는 것이었다.

나는 소리를 질렀다. 외할머니가 손짓을 해서 나는 급하게 입을 막았다.

오소리를 포함하여 우리는 지금 매우 조용하다. 아무 소리 나지 않는 조그만 방에서 사람을 흥분시키는 좋은 일이 일어나고 있었다. 큰 숲속에서 온 자그마한 녀석, 쉭쉭 소리를 내는 조그만 야생동물이 먹기 시작한 것이다. 이것은 그 녀석이 남아 있기를 원한다는 것이고, 우리와 함께 지내기 원한다는 것을 말해주는 것이다. 이때 나는 또 처음에 그 녀석과 처음 만나던 순간이 떠올랐다. 종달새의 보금자리가 생각난 것이다.

그 녀석의 집은 어디일까? 그 녀석의 아빠와 엄마는 그 녀석을 찾고 있지 않을까? 나는 고개를 숙였다. 나도 아빠 엄마가 생각났다. 외할머니는 나를 한쪽으로 이끌고 오소리를 쳐다보면서 말했다. "오소리는 숲속에 있는 들고양이가 낳은 거란다. 들고양이는 집고양이는 다르지. 들고양이는 조금 커지면 스스로 살아갈 수가 있단다."

"아직 이렇게 어린데, 아빠 엄마가 그렇게 일찍 떠나게 한단 말이에요?"

"그래, 그건 해변의 야생동물이란다. 그러니 미리 집 밖으로 멀리 내보내야 해."

너구리 외손자

나는 오소리와 일반 고양이는 다르다는 걸 알게 되었다. 그 엄마 아빠가 심지어 몇 세대 전에 숲속의 야생동물이었기 때문이다.

그것이 왜 그렇게 사나운지, 힘은 또 왜 그렇게 센지를 알게 되었다. 그것을 본 순간부터 그 튼튼한 몸은 우리를 무력화시켰다. 세상에, 그날 나와 짱짱이 굳게 마음먹고 최대로 힘을 써서 잡지 않았다면 절대로 그 녀석을 집으로 데려오지 못했을 것이다. 그 녀석은 정말 평범한 고양이가 아니었다. 이번에 나는 약간 걱정이 됐다. 그 녀석이 어느 날 숲속으로 도망칠까 봐, 그리고 다시는 우리 초가집으로 돌아오지 않을까 무서웠다. 외할머니도 그런 게 걱정이 되셨는지, 창문을 좀처럼 열지 않았고, 낡은 그물을 치우지도 못했다.

나는 그 녀석이 정말 이곳을 자기 집으로 생각할 때, 나는 그때 그것을 알아차릴 수 있을 것이라고 생각했다. 실망스럽게도 여러 날이 지나도록 그 녀석이 끊임없이 물을 마시고 음식을 먹을 때까지도 여전히 나에게 접근하기를 원치 않았다. 그 녀석의 눈빛이 나를 향할 때에는 곱지 않았다. 그런데 경계심 속에는 한 줄기 노여움이 배어 있었다. 분명히 그 녀석은 아직 나를 용서하지 않았다. 짱짱이 왔을 때에도 그 녀석의 태도는 마찬가지였다.

나는 그 녀석이 여러 차례 자발적으로 외할머니에게 다가가는 것을 보았다. 하지만 외할머니가 두 손을 뻗자 그 녀석은 잠시 주저하더니 슬그머니 피했다. 외할머니는 그 녀석에게 미소를 짓고는 자기 일로 바쁘게 걸어갔다. 그 녀석은 멀지 않은 곳에 앉아 외할머니를 바라보았다. 오랫동안 눈도 돌리지 않았다. 그 녀석은 얼마나 작은지, 거기 웅크리고 앉아 있으면 두 주먹만한 크기였다. 한 쌍의 회색 눈은 약간 파랗고, 가슴 부위에는 검은 무늬가 빳빳하게 서 있다. 두 개의 삼각형 귀는 높게 솟아 있는데, 활짝 열려 있다. 그 녀석이 가장 예쁜 구석은 이마에서 목으로 이어지는 부분이다. 입은 짙은 갈색으로 볼록하고 약간 부은 것 같다. 그 위로 길게 수염이 자라 있다. 이 입은 보기만 해도 웃음이 난다. 내가 응시하고 있는 것을 발견하면 그 녀석은 머리를 다른 쪽으로 돌린다. 그 녀석은 아직도 나를 원망하고 있다. 그 날 만약에 나와 짱짱이 그를 잡지 않았다면 그 녀석은 새알 네 개를 훔쳐갈 수 있었을까? 그랬다면 종달새는 슬펐을 것이다. 나는 외할머니에게 여쭤봤다. 외할머니는 대답하셨다. "아마 그 녀석은 너무 어려서 그걸 모를 거야." 나는 믿지 않았다. 외할머니는 그를 책임에서 벗어나게 해주시는 것이다. 잠시 후에 외할머니는 덧붙여서 말씀하셨다. "만약 그 녀석이 조그만 발톱을 정말 뻗었다면 종달새는 아랑곳하지 않고 땅으로 뛰어내렸을 거야. 엄마가 된다는 것은 세상에서 가장 용감한 거거든."

약초 캐는 라오광이 왔다. 문에 들어서자마자 오소리를 뚫어지게 쳐다보더니 머리를 갸우뚱거리면서 말했다. "아이고, 세상에, 야생 새끼 너구리로구나!" 외할머니는 침착한 표정으로 말씀하셨다. "잘 살아 있는 새끼 고양이야." 라오광은 곰방대를 꺼내 입에 문 채 불은 붙이지 않고는 오소리만 진지하게 쳐다보았다. 이렇게 잠시 시간을 보내더니 그는 무릎을 탁 치면서 말했다. "알겠다. 이건 일반적인 고양이가 아니야!"

우리는 그를 멍하니 쳐다보았다. 라오광은 말을 시작했다. 자신은 이 숲을 가장 잘 아는 사람이어서 어떤 야생동물도 다 안다는 것이었다. "말하자면, 이 녀석은 야생 너구리의 외손주야." "뭐라고?" 외할머니가 의아한 표정을 지었다. 내가 물었다. "야생 너구리가 뭐예요?" 라오광이 말했다. "그건 숲속에 사는 유해한 동물이란다. 고양이처럼 생겼는데, 고양이보다 훨씬 사납고, 고양이도 먹는단다!"

라오광은 곰방대를 주머니에 넣고 내 쪽으로 얼굴을 돌리더니 나한테만 얘기하고 싶어 하는 것 같았다. 나는 그가 외할머니를 얼마나 무서워하는지를 알고 있었다. 여태껏 외할머니에게 대꾸한 적이 없었던 것이다. 그가 말했다. "예전에 이 숲속에 들고양이가 꽤 많았었는데, 그것들은 하서河西에서 온 야생 너구리 두 마리에게 모두 잡아먹혔어. 그 너구리들은 매우 사납고 몸집도 꽤 컸단다! 그 놈들은 두 마리가 함께 사냥을 했지. 나중에 수컷이 어디론가 사라지고 암컷만 남게 되었어. 외로운 암컷은 어느 날 숫고양이를 한 마리 잡았는데, 이 고양이가 너무 멋지게 생긴 것을 보고는 차마 잡아먹지 못했고, 나중에는 좋아하게 되었단다."

외할머니는 고개를 들어 그를 쳐다보았다. 그가 외할머니에게 물었다. "왜요, 말하지 말까요?" 외할머니가 말했다. "말하게." 라오광이 '흠' 하고 소리를 냈다. "그럼 말을 다 끝낼게. 이건 모두 정말이야. 나 이 사람은 거짓말 하지 않는 사람이거든. 일은 이렇게 된 거야. 이 암컷 너구리가 나중에 수컷 고양이를 좋아하게 되어서 새끼 몇 마리를 낳았어. 그때 이후로 암컷 너구리는 더 이상 들고양이를 먹지 않게 되었지. 왜냐하면 모두 친척이니까. 손을 대기가 쑥스러웠던 거지!" 그는 크게 소리를 내어 웃었다.

나는 이 이야기가 매우 신기하다고 생각했다. 나중에 어떻게 되었는지 알고 싶어서 곧바로 물었다. 라오광이 손을 펼쳤다. "나중에는 아주 간단하지. 암코양이 한 마리가 새끼를 몇 마리 낳았는데, 그 중에 한 마리가 바로 이 고양이야. 그것들 반점과 모습이 나는 너무 익숙해. 보자마자 금방 알아봤어. 또 저 녀석 귀를 보라고. 털이 신기하게 나지 않았어? 일반 고양이는 저렇게 생기지 않았다고!"

나는 오소리를 자세히 봤다. 틀림없었다. 그 녀석의 생김새는 일반적이지 않았다. 몸에 있는 반점도 검은 것이 눈에 들어왔고, 귀에 있는 긴 털도 위로 솟구쳐 있어서 정말 사나워 보였다. "손가락으로 꼽아서 계산을 좀 해보세요. 저 녀석이 그 암컷 너구리의 외손자가 아닌가요?" 라오광이 외할머니를 돌아보았다.

이번에 외할머니는 반박하지 않았다.

첫날 밤

많은 날들이 지나갔다. 오소리는 외할머니 외에는 어떤 사람도 건드리지 못하게 굴었다. 나와 짱짱이 좀 떨어진 곳에서만 쳐다보면서 손을 뻗어 만지려고 하면 그 녀석은 그 전에 이미 뛰어올랐다. 외할머니는 미음과 노른자를 그 녀석에게 먹여주었다. 때로는 먹을 것을 손바닥에 받쳐 주기도 하셨다. 그 녀석은 먹고 마신 다음에 눈을 가늘게 뜨고, 외할머니 팔에 잠시 머문다. 이게 나에게는 기회다. 그 녀석이 잠든 틈을 타서 조심스럽게 다가간다. 안타깝게도 그 녀석은 마지막 순간에 깨어나서 맹렬하게 달아난다.

　나와 짱짱은 화가 났다. 그 녀석은 종달새 둥지에서의 장면을 기억하는 게 분명했다. 나는 그 녀석에게 묻고 싶었다. "너 그때 그렇게 한 게 맞는 거니? 거기에서 슬쩍 기댔었잖아! 너 알도둑이라고 해도 과언이 아니야!" 하지만 지금은 그걸 따질 때가 아니었다. 나는 그 녀석이 한 사람에 대해 좋게 아니면 안 좋게 대하거나, 소원하거나 가까이 접근하는 이유가 도대체 어디에 있는지를 알고 싶었다. 이 녀석은 분명히 매우 똑똑했다. 그건 녀석의 표정에서 알 수 있다. 인간에 대한 믿음, 좋아하고 안 좋아하고는 통상적으로 거리로 표현된다. 외할머니한테는 딱 붙어 있고, 나와 짱짱에게는 두세 자 정도 떨어져 있으며, 라오광이 나타나면 숨어버리는 것이다.

　한번은 라오광이 물고기 한 마리를 갖고 왔다. 이것은 그가 특별히 해변 어부들에게서 구해온 것이었다. 다가가서 그 녀석에게 건네 주면서 쓰다듬어 볼 생각이었다. 그는 속삭였다. "야생 너구리의 외손자를 잘 돌봐줘야겠다." 그는 물고기를 들고 앞으로 갔다. 그 녀석이 도망갈 것을 방지하기 위해서 그 녀석을 구석으로 몰았다. 누가 알았으리오. 라오광이 그 녀석으로부터 1미터 앞까지 갔을 때, 그 녀석 입에서는 날카로운 소리가 튀어나오면서 등에 있는 털을 곤추세웠다. 그리고는 튀어 오르더니 라오광 어깨에서 멀리 날아갔다.

"야생동물은 야생동물이로군!" 라오광은 물고기를 던지고는 화를 냈다.

나는 라오광의 말에 동의한다. 하지만 외할머니는 시샘이 나게 오소리를 끌어안고 가볍게 두드리면서 말했다. "괜찮아요, 괜찮아. 각자 다른 생각이 있는 거니까." 내가 물었다. "오소리에게 라오광은 안 좋은 건가요?" "좋아, 그런데 라오광은 호기심이 더 많지." 나는 할 말이 없었다. 그날 라오광이 앞으로 다가가면서 몇 마디 그다지 친근하지 않은 말을 했기 때문이었다. 내가 말했다. "난 그 녀석이 정말 좋아요." "너는 그 녀석하고 놀 생각만 하는구나." 외할머니가 말씀하셨다. 나는 외할머니 말이 맞다는 것을 인정한다. 하지만 나도 틀리지는 않았다.

이때 나는 참지 못하고 집게 손가락을 뻗어 그 녀석의 이마를 가볍게 쓰다듬어 주었다. 오소리는 즉각 눈을 크게 뜨고 나를 쳐다봤고, 또 외할머니를 쳐다봤다. 이번에 그 녀석은 화를 내지 않았다. 또 뛰어오르지도 않았다.

이 날부터 나는 가까이 갈 수 있었다. 그 녀석에게 먹을 것을 줄 때 손을 내밀어 그 녀석의 머리를 쓰다듬을 수 있게 되었다. 나는 놀러온 짱짱에게 허풍을 떨었다. 오소리와의 우정을 약간 과장한 것이다. 애석하게도 내가 손을 뻗어 그 녀석의 몸에 닿으려 할 때 그 녀석은 숨어 버렸다. 내가 짱짱에게 말했다. "부끄러워서 그래. 사실 그 녀석 마음속으로는 나를 잘 대해 줘."

저녁 때, 나는 외할머니 곁에 누워서 창문을 통해 하늘의 별을 바라봤다. 만약 외할머니가 졸리지 않으면 무슨 말을 할 것이다. 외할머니 뱃속에는 많은 이야기가 있다. 하늘, 땅, 과거와 현재, 바다와 숲, 뭐든지 다 아셨다. 나는 장래에 외할머니가 가지고 있는 이야기를 처음부터 다시 말하고, 기억하고 다른 사람에게 말해줄 것이다. 이 밤에 외할머니가 해주는 것은 이야기가 아니라 아빠였다. 외할머니는 줄곧 산 속에 있는 사람을 걱정했다.

"아빠는 1년에 한 두 번만 집에 오신다. 집에는 이 사람이 없는 것 같다. 애야, 다행히 엄마가 반 달, 이십일만에 한 번 돌아올 수 있단다. 아버지들은 대접을 잘 받지 못하는데, 그 사람들은 정말 고달프게 산다. 1년 내내 산을 파는데, 그 산을 어떻게 파겠니? 산 하나를 파면 또 다른 산이 있고, 산은 계속 이어져 있단다."

외할머니는 한숨을 쉬셨다. 나는 뭔가를 떠올리며 낮은 소리로 물었다. "'우공愚公'이라는 사람이 산을 옮긴다고 하셨는데, 그 사람들은 아빠에게 '우공'이 되라고 한 건가요?" 외할머니는 눈을 비볐다. "아마도." 나는 두려웠다. 외할머니는 창문을 바라보면서 말했다. "누구나 다 처자식이 있단다. 누구나 다 살아가야 한단다!"

　여기까지 말하고 있는데, 오소리가 구들장에 마구 뛰어올라 내 머리맡에서 비벼댔다. 나는 꼼짝도 하지 못했다. 나와 외할머니 사이에 머리를 숙이고 누워 있어야 할까 궁리하는 듯했다. 드디어 생각을 하고 외할머니 베개 옆에 살며시 웅크리고 앉더니 이내 그르렁거리는 소리가 났다. 이 소리는 달콤했다. 이것은 내가 지금까지 들은 것 중에서 가장 좋은 소리였다. 그 후로 나는 기억했다. 인간의 밤은 이런 소리만 함께 할 수 있다면 가장 좋은 밤이란 사실이다. 나는 아무 소리도 내지 않은 채 줄곧 그 녀석의 그르렁거리는 소리를 들었다.

　이것이 나와 오소리가 함께 지낸 첫번째 밤이었다. 나는 언제나 그 녀석이 내가 잠들었을 때 떠나는 것이 무서웠다. 어떨 때에는 흐리멍텅하게 잠이 들었다가 깨어나서 손을 뻗어본다. 아, 아직 있네. 부드럽고 따스한 것이.

옛날 얘기 듣기

롱롱이 옴과 함께 녀석의 드르렁 거리는 소리에 나는 여러 해 전 밤의 일들을 떠올렸다. 오소리에 대해 말하자면 끊어졌다 이어졌다 하지만 이어붙이면 숲속에서의 세월을 만들어낼 수 있다. 그것은 초가집에서 지냈던 어렵고도 소중한 시간들이었다. 오늘에 이르기까지 눈만 감으면 머리맡에서 울부짖는 숲속에 이는 바람소리를 들을 수 있고, 또 거기에 고양이의 드르렁거리는 소리가 추가된다.

이제 나는 또 한번 영특하기 짝이 없는 큰 눈을 마주 하게 되었다. 내가 그 녀석에게 그 숲에 대해 말하고, 그 녀석이 좋아하는 이야기를 말하려 한다. 해변의 황혼으로부터, 머리 위에서 큰소리로 울어대는 종달새로부터, 그 녀석을 잘 정리된 보금자리에서 오소리를 사귀도록 할 것이다. 롱롱이 이 이름을 듣고는 곧바로 코를 들더니 나를 곧바로 쳐다보았다.

"그 녀석은 이야기를 들으려고 해." 내가 말했다. "녀석이 정말 알아들어."

나는 고양이가 간단한 말을 알아듣는다고 의심한 적이 없었다. 개도 마찬가지다. 이는 일련의 과정이 필요하다. 롱롱이 막 우리 생활 속으로 들어와, 이렇게 작은 것이 식구들이 하는 말을 알아들을 리가 만무했다.

하지만 한 가지 분명한 것은, 그 녀석이 새로운 생활에 들어오는 능력이 우리 상상을 초월한다는 것이다. 예를 들어 녀석은 매우 짧은 시간 안에 주변의 모든 것을 익히고 빠르게 적응할 수 있다는 것이다. 내가 보기에 그 녀석은 자연스럽게 사람들과 어울리며 살아간다. 기꺼이 그렇게 하고 또 분명하다.

우리는 '롱롱'이라는 두 글자를 언급하면, 그 녀석은 극히 예민한 반응을 보이면서 고개를 들고 바라보고 눈을 크게 뜬다. 내가 아이와 통화를 할 때, 저쪽에서 웃음소리가 전해져 온다. "물론이죠. 만약 자기 이름을 못본다면 얼마나 멍청한 고양이게요." 여기에서 '보다'는 글자를 읽게 되면, '돌보다'는 뜻이 된다. 그렇다. 이름은 자신에게 속하고, 또 평생을 따라다닌다. 물론 지켜야 하는 것이다.

롱롱은 '밥 먹기', '잠자기' '침대에 오르기' 등의 짤막한 말들에 대해 모두 알고 있다. 뿐만 아니라 새로운 집에 자신과 함께 온 물건들, 통조림이나 구충액驅蟲液 등에 대해 모두 그 조그마한 눈으로 뚫어져라 쳐다보고 빈틈없이 설명서를 읽는다. 내가 보니 그것들은 각각 일본어와 영어로 써진 것들이다. 말하자면, 우리들의 일상용어 외에도 롱롱은 현재 최소한 3개국어를 한다.

물론 이것은 억지로 갖다 붙이는 재밌는 생각이다. 하지만 녀석의 민첩함과 영특함, 사람들이 뜻을 잘 이해하는 것은 틀림없는 사실이다. 녀석은 심지어 식구들과 동일한 취향을 갖고 있다. 경극과 정통 음악을 듣기 좋아하는 것이다. 여러 차례 나는, 아니, 자주 해봐도 틀리지 않다고 말해야 한다. 텔레비전에서 경극이 방영되는 걸 보기만 하면, 녀석은 모니터의 앞에 가서 눈을 떼지 않고 계속 모든 창단唱段이 끝날 때까지 본다. 오디오에서 듣기 좋은 선율이 흘러나오기만 하면 녀석은 놀이를 중지하고 멀리서 달려온다. 표정이 즐거울 때도 있고, 엄숙할 때도 있다.

"틀림없이 전생에 예술가였어." 나는 이렇게 추론한다. 말뜻의 이해 심도, 현재 구비한 녀석의 능력에 관해 우리는 너무 높은 기대를 가질 수는 없다. 관찰 과정에서 사람들은 그것들에 대해 좋아하고 심지어 그 정도가 지나쳐서 남다른 능력을 과장하고, 불가사의한 비정상적인 표현을 하게 된다. 이건 사람들이 잘 아는 것이다. 하지만 반대의 상황도 있다. 그것은 바로 그것들을 다른 부류로 취급해서 아예 그 존재를 무시하고 그것들이 우리 생활에 대해 전혀 모른다고 생각하는 것이다. 그것도 잘못된 것이다.

나는 매번 '오소리'라는 말을 할 때에 롱롱이 특별히 집중하거나 흥분하는 것을 발견했다. 때로는 오른쪽 앞발을 들고 또 든다. 귀 부분은 갑자기 쫑긋한다. 이것은 고양이와 개가 모든 동작이 같다. 매우 유쾌한 충동이 일어날 때 하는 팔다리 언어인 것이다. 그렇다. 녀석은 다른 고양이 얘기를 들으면서 그다지 좋지 않은 부분을 들을 때에는 그 모습이 숙연해진다. 두 눈을 내리까는데, 코에 납이 떨어지는 것 같다.

짙고 짙은 남색의 물처럼 청순한 눈을 보면서 이야기를 더 잘해야겠다. 어떤 슬픈 과거의 일도 녀석의 귓가에 이르지 못하도록 해야겠다. 이렇게 순수한 생명이 서 있는데, 우리는 정말 함부로 행동할 수는 없다. 우리는 좋아하든 싫어하든 살금살금 걸어야 한다.

유전

오소리의 가족에 대한 친밀도는 각각 다르다. 녀석이 가장 사랑하는 사람은 외할머니이고, 그 다음이 나다. 다시 그 다음이 엄마다. 엄마는 10여 일 전에야 녀석을 만났고, 또 집에서 하루 있다가 급하게 돌아가기 때문이다. 하지만 엄마는 반나절의 시간을 들여 오소리의 신임을 얻었다. 그 속도는 사람을 놀라게 할 정도다. "녀석이 엄마가 가족이라는 걸 알고 있다." 이건 외할머니의 설명이다. 그 말씀이 맞다. 나는 라오광이 녀석을 안 시간이 더 일렀지만 그와는 여전히 낯설어하는 것을 봤기 때문이다. 이 점에 대해 라오광은 그다지 달갑게 여기지 않는다. 그는 오소리와 잘 지내기 위해서 이곳에 올 때마다 맛있는 것들을 가져오곤 한다. 하지만 오소리는 꼬리를 흔들면서 가볍게 고마움을 표하고, 그리고 나서 먹기 시작한다.

엄마는 오소리가 온 것에 대해 매우 기뻐했다. 집에 돌아올 때마다 오랜 시간동안 오소리를 안아 주었다. 예전에 엄마는 나를 안아 주셨는데, 이제는 내가 자라서 안을 수가 없게 되었고, 오소리를 안는 것으로 바뀌었다. 엄마가 녀석을 안고 있는 모습은 예전의 날들을 생각나게 한다. 약간은 질투다. 엄마는 녀석을 안고 밖으로 나가 담장 밖의 나뭇가지를 보면서 말했다. "산 속에 있는 사람이 돌아오면 너를 좋아할 거다." 엄마의 목소리는 낮았다. 그걸 보면 틀림없이 오소리에게 되는대로 들려준 것이었다.

밤에는 나와 외할머니, 오소리 셋이 함께였다. 밤마다 그랬다. 외할머니는 잠들기 전에 으레 옛날얘기를 해주셨다. 듣는 사람은 더 이상 나 혼자가 아니었다. 그래서 외할머니는 얘기를 할 때, 보다 자세하게, 인내심 있게 하셨다. 어떤 얘기는 들은 적이 있었고, 어떤 것은 처음 듣는 것이었다. 외할머니는 이번에 외할아버지 얘기를 하셨다. 그 얘긴 오소리를 쓰다듬던 손을 멈추게 했다. 그 분은 내가 본 적이 없는 분이었다. 엄마건 외할머니건 외할아버지 얘기만 꺼내면 조심스러워 했다.

외할아버지가 아주 오래 전에 돌아가셨고, 불행한 사람이었으며, 대단한 사람이었기 때문이다. 외할아버지는 명망 높은 의사였고, 경건한 크리스천이었다. 엄마와 외할머니는 외할아버지에 대해 몇 말씀만 하셨었다. 가슴 아픈 과거사가 연루되면 두 분은 그랬다. 하지만 나는 이미 마음속에 두 분의 말씀을 이어붙이고 있었고, 그것들을 처음과 끝이 있는 이야기로 연결하였다. 이 이야기는 나를 울게 하였고, 동경하게 하였다. 나는 늘 생각했다. 내가 만약 외할아버지 곁에서 생활했다면 얼마나 행복했을까 하고 말이다. 나는 이 대단한 사람을 기쁘게 할 것이다. 어쩌면 내가 그를 보호할지도 모른다. 나는 언제나 나 자신을 무엇이든 할 수 있는 사람으로 생각한다. 그렇다. 그 사람을 보호할 수만 있다면 나는 반드시 그런 사람으로 변할 것이다.

외할머니는 그 밤에 나와 오소리에게 동물을 몹시 사랑하는 외할아버지라고 말씀하셨다. 세상에, 말하자면, 어떤 사람은 믿지 못할 텐데, 할아버지는 놀랍게도 단숨에 수십 종의 동물을 사육하였다. 이 동물들 중 많은 수가 그 지방 사람들은 이제껏 볼 수 없었던 산영양山羚羊에서부터 구렁이, 바다거북, 그리고 각종 새, 소, 말, 나귀 등에 이르기까지, 큰 뜰은 동물원이 되어 있었다.

할아버지는 영양 때문에 뜰에 높은 돌산을 쌓았고, 바다거북을 위해 큰 연못을 파냈다. 할아버지는 집을 나설 때 항상 사랑하는 개를 데리고 붉은 말에 올라타야 했다. 간혹 사무 때문에 개를 데리고 다니기 곤란하면 그것에 대해 자세히 설명한 후에 길을 떠난다. 고양이는 할아버지가 일할 때 줄곧 옆에 있었는데 함께 있는 시간이 가장 길었다. 밤에 할아버지 머리맡에는 꼭 고양이가 있었다.

"너희 외할아버지는 동성에서 마지막으로 교회당을 나와 말을 타고 서구에 있는 집으로 가셨다. 바로 그 때 가는 길에 매복 공격을 당하셨단다. 말은 모든 것을 이해하고 집으로 달려와 알려주었지. 말이 집으로 돌아와서 계속 해서 턱으로 나무 계단을 툭툭 쳤고, 식구들은 그제서야 사고가 난 것을 알았어." 어둠 속에서 외할머니 목소리는 너무 낮아져서 들리지 않았다. 외할머니는 말을 멈추었다. 나는 기다리면서 한 마디도 놓치지 않으려 했다.

애석하게도 외할머니는 말씀을 더 하지 않았다. 이어서 짧은 얘기로 마무리 지으셨다. "동물을 사랑하는 것은 유전이란다. 애야, 네가 이렇게 쟤네들을 사랑하는 것은 아마도 외할아버지 때문인 것 같구나."

나는 외할머니의 추측에 전적으로 동의한다. 그날 밤, 나는 내 인생의 가장 큰 아쉬움은 바로 그런 사랑스러운 노인을 만나지 못했다는 것이라고 생각했다. 한 사람이 동물에 대해 그렇게 많은 사랑을 가지고 있다면 틀림없이 착한 사람일 것이다. 외할머니는 예전에 이렇게 말한 적이 있었다. "외할아버지는 동물과 대화할 수 있었단다. 외할아버지는 동물들 앞에 오랜 시간 쭈그려 앉아서 오랫동안 말하고 동물들은 집중해서 듣곤 했지. 예를 들어 양 한 마리가 풀을 뜯고 있는데, 외할아버지 말을 듣고는 씹는 것을 멈추고 진지하게 듣는 거야. 붉은색 큰 말은 외할아버지와 서로 의지하면서 살았는데, 한 번은 외할아버지가 여러 날 동안 외출하자 그 말이 상사병이 나기도 했단다."

  외할아버지가 대단한 사람이라고 말하는 것은 주로 많은 동물을 길렀다는 것을 말하는 것이 아니다. 외할아버지가 그런 큰일들을 했다는 것을 말하는 것이다. 외할아버지는 비할 데 없이 용감한 사람이었다. 그 일들을 당시에 나는 이해하지 못했다. 나이가 들어갈수록 나는 외할아버지가 정말 대단한 사람이었다고 말할 수 있게 되었다.

산 파는 사람

 지금까지 우리 집에서는 아빠 혼자만 오소리를 아직 보지 못했다. 나는 둘이 만나게 될 그 날을 떠올리면 흥분이 되고, 눈물이 난다. 정말 이상했다. 나는 아빠보다 이 녀석을 더 좋아하는 사람이 없을 거라고 생각한다. 분명히 그런데, 왜 그런지는 아직 모르겠다. 나는 아빠가 그 녀석을 만나는 순간 기뻐서 꼭 그 녀석을 껴안아 줄 거라고 생각한다.

 단지 내가 두려운 것은 오소리가 철이 없어서 산에서 돌아온 낯선 사람을 보고 미친 듯이 숨어버리는 것이다.

 만약 그 녀석이 아빠를 본체만체 한다면 아버지는 상심하실 것이다.

 아빠와 함께 지낸 시간은 다 합해도 1년이 되지 않는다. 평상시에 외할머니도 아버지 얘기를 안 하셨다. 마치 산속에서의 일들을 얘기하고 싶어 하지 않는 것 같았다. 엄마도 마찬가지였다. 나는 그것이 걱정 때문이라는 걸 안다.

 두 분은 신나는 모습인 체하지만 그럴 듯하지는 않았다. 걱정은 보이지 않는 공기처럼 우리 초가집에 숨겨져 있어서 쫓아내려야 쫓아낼 수가 없었다.

 오소리가 내 대신에 많은 걱정들을 쫓아내 주었다. 그건 그 녀석의 대단한 재능이다. 때때로 나는 뜰에 나가 있었는데,

초가집에서 좀 멀리 떨어진 곳에 서서 우리 갈색 지붕을 바라보면 이 집이 마치 심사가 우울한 사람처럼 느껴졌다. 집 전체의 가장 큰 시름은 바로 산을 파다 돌아오는 사람을 기다리는 것이었다.

엄마 아빠가 보고 싶어서 나는 때때로 혼자서 숲속에 숨어서 반나절동안 나오지 않는 때도 있었다. 나는 커다란 상수리나무나 버드나무 아래에서 오랫동안 기다리다가 결국 외할머니가 집 밖으로 나와 허둥지둥 찾곤 했다.

외할머니는 계속 소리쳤다. 쉰 목소리는 나무 위에 앉아 있는 새들을 놀라게 했다. 그래서 나는 외할머니에게 면목이 없었다. 지금은 좋다. 지금은 오소리가 있어서 나는 오랫동안 집안에서 기다릴 수 있다. 그 녀석과 함께, 그 녀석을 쓰다듬으며, 그 녀석과 말을 하면서 말이다. 내 말을 그 녀석은 많이 알아듣는다. 나는 분명히 그럴 거라고 생각한다. 외할아버지가 해낸 것을 나도 할 수 있다.

그것은 우리 집에서 유전된 재능이다.

여러 차례 그 재능을 시험해 보았다. 어떤 때는 잘 되고, 어떤 때는 그다지 분명하지 않았다. 오소리는 생각이 꽤나 많은 녀석이었다. 많은 경우에 녀석은 내 말을 진작에 알아듣고도 모르는 시늉을 했다. 만약 내가 녀석이 신나는 일을 얘기하면 몇 마디만 해도 녀석은 알아챈다.

어느 날 나는 숲속에서 놀고 있었다. 한창 도마뱀 한 마리를 뒤쫓다가 대추나무를 막 돌았는데, 갑자기 사냥꾼이 옆에서 걸어오는 것이었다. 이 사람은 챙이 긴 모자를 쓰고 있었고, 조종사처럼 고글을 쓰고 있었는데, 모습이 이상했다. 나는 사냥하는 사람이 두렵고 싫어서 그를 돌아서 갈 생각만 했다. 하지만 그는 굳이 내 갈 길을 막고는 웅얼거리면서 호의적이지 않게 말했다. "아, 네가 초가집에 사는 아이로구나? 산 파는 사람 아들, 너 자라면 산 파러 가야 하는 거 아니?"

나는 말했다. "안 가요."

"하하, 이 일은 네 맘대로 할 수 있는 게 아니란다. 산을 어떻게 파는지 아니? 대대로 이어받아야 하는 거지. 음, 쿵쾅쿵쾅, 팍팍팍팍, 계속 파야 하는 거야."

나는 귀를 막은 채 도망쳤다. 대추나무 숲에 숨을 사이도 없이 두 다리에서는 날카로운 가시에 찔려 피가 나왔다.

집으로 돌아오자 외할머니는 마음 아파 하셨다. 외할머니는 내게 약을 발라 주셨다. '호호' 하고 불어주시면서 내가 어쩌다 이렇게 조심하지 않았는지를 물으셨다. 난 아무 말도 하지 않았다. 그 사냥꾼도 언급하지 않았다. 하지만 나는 그 사람이 했던 말을 줄곧 기억하고 있었다. 그날 밤에 나는 쉽게 잠들지 못했다. 오랫동안 칠흑같은 창문을 쳐다봤다. 아빠가 불쌍하기도 하고 무섭기도 했다. 나는 그런 삶을 살고 싶지 않았다. 평생동안 산을 파면서 시간을 쓰고 싶지 않았다. 나는 밤을 응시하면서 물었다. "만약 정말 그렇게 된다면 어쩌지?" 마음속 목소리가 대답했다. "도망치자, 하늘 끝까지 도망치자."

아침에 깨어났을 때 외할머니는 곁에 안 계셨다. 오소리만 내 베개에 꼭 붙어 있었다. 나는 녀석에게 얼굴을 마주대고 말했다. "아마 어느 날 내가 도망칠지도 몰라, 아주 멀리 멀리 말이야." 녀석의 이마는 조금 숙여지면서 조금도 움직이지 않았다. 나는 그 산과 그 사람을 생각하고 있었다. 아빠를 보고 싶었다. 아빠는 매일매일 드릴과 망치로 산을 파야 했다. 산과 사람은 모두 불행했다. 파여서 아픈 산이 있었고, 가장 불행한 사람이 있었다. 산은 파여서 구멍이 생겼고, 사람은 피골이 상접할 정도로 수척해졌다.

엄마가 말했었다. "산에 있는 사람들은 매일 누추한 집을 제공받고, 채소잎 몇 조각이 떠다니는 소금물 탕을 마시는데, 1년 내내 그렇다는구나."

아빠가 집에 돌아올 때마다 식구들은 모두 아빠를 위해 볶은 콩과 고구마 설탕을 준비했다. 하지만 모두와 헤어져 산으로 돌아가야 했다. 아빠 동료들은 아빠와 마찬가지로 검게 그을렸고, 또 매우 수척했다.

나는 영원히 그 해 겨울을 잊지 못한다. 아빠는 큰 눈을 무릅쓰고 하루 밤 이틀 낮 동안 산에서 걸어서 돌아왔다. 이렇게 고생을 해서 왔지만 집에 있는 시간은 이틀에 불과했다. 아빠는 정말 말랐다. 가늘고 긴, 그리고 가지가 없는 백양나무를 떠올리게 했다. 아빠는 키가 굉장히 컸다. 피부는 거칠었고, 손발은 모두 갈라져 있었다. 아빠는 문에 들어서자마자 외할머니에게 한 마디 하고는 나를 안아 주었다. 나는 나 자신이 얼굴을 아빠 수염에 바짝 붙여서 아빠 귀를 지그시 깨물었던 것을 이상하다고 기억한다. 아버지 귀에서 짠내가 났다. 외할머니는 아빠가 돌아오자 당황하여 앞치마에 손을 닦으며 말했다. "빨리, 빨리, 빨리, 가라. 빨리 엄마한테 돌아왔다고 말씀드려라. 돌아왔다고." 외할머니는 이렇게 말하면서 돌아서서 문을 나섰다.

아빠는 나를 영원히 놓아주지 않으려는 듯 계속 안아 주셨다. 나는 말이 없었다. 뭐라고 말할지 몰라서였다. 산속의 모든 일이 나는 궁금했다. 하지만 그 때 아빠는 얘기하고 계셨다. 아빠는 묻고 있었지만 사실은 혼잣말이었다. 아빠는 숲, 엄마, 외할머니를 말하고 나서 산속의 밤에 대해 말했다. 그곳의 겨울은 정말 춥다. 아빠는 금년 겨울에 또 두 사람이 얼어 죽었다고 말했다. 하지만 아빠 자신은 영원히 얼어죽지 않을 거라 말했다. 왜냐하면 아빠는 숲속의 이 초가집을 그리워할 것이고, 초가집에는 활활 타오르는 화로가 있기 때문이라는 것이었다. "그렇게 나는 얼어죽지 않아." 아빠는 웃으면서 뽀뽀해 주었다.

커다란 숲

만약 친구 짱짱과 함께 숲속으로 가지 않으면 외할머니는 안심을 못 하시고, 숲 깊은 곳으로 들어가지 말라고 신신당부하셨다. 숲은 너무 넓었다. 나는 초가집에서 멀지 않은 곳에서 놀 수밖에 없었다. 숲속의 소리는 너무 컸다. 그것은 불시에 울리는 숲의 파도와 바다의 파도, 각종 새들이 지저귀는 소리였다. 야생동물이 뛸 때 나는 사각거리는 소리, 재채기 소리, 또 장난치고 싸우는 소리 등이 숨을 멈추기만 하면 들렸다. 그 소리들은 전혀 무섭지 않았다. 그 소리들은 분명한 것들이 내는 것이기 때문이었다. 가장 무서운 것은 아무도 알아채지 못하는, 괴상망측한 소리, 예를 들어 멀리서 들려오는 늙은 소 울음소리보다 열 배나 큰 '음매' 하는 소리, 깊은 숲속에서 들리는 확실하지 않은 울음과 웃음소리, 더 멀리서 목졸린 어린 아이가 내는 듯한 날카로운 비명소리 같은 것들이었다.

그런 괴상한 소리가 들리면 사냥꾼들도 겁을 냈다. 그들은 깊은 숲속에서 뛰어나와 집으로 돌아가곤 했다. 해변에서 오고가는 노인들은 이 숲이 너무 넓고, 시간도 오래 지나서 옛일이 많이 쌓이고 요괴가 생겨났다고 말했다. "'옛일'이라는 게 또 무슨 일이에요?" 나는 이해가 되지 않아서 한번은 약초 캐는 라오광에게 물었었다. 라오광이 말했다. "여러 해가 지나도 매듭짓지 못한 일이야. 예를 들어 숲에서 일어난 은혜와 복수, 억울함 같은 건 오래 된 빚처럼 아직 청산되지 않은 거지." 나는 여전히 이해가 되지 않았다. 하지만 이 숲의 무서움을 더 알게 되었다.

사실 나는 숲속에서 가장 위험한 것이 짐승이 아니고 다른 것이라는 것을 진작부터 잘 알고 있었다. 숲속에는 지금 큰 흉물이 거의 없기 때문이었다. 라오광의 말에 따르면, 마지막 늑대도 50년대에 사냥꾼 손에 죽었다고 했다. 좀 큰 동물은 오소리와 여우 뿐인데, 이 두 녀석은 성격이 좋고, 꾀도 많아서 사람들을 다치게 하지 않는다. 뱀과 독거미는 무섭다. 하지만 좀 조심하기만 하면 물릴 가능성은 크지 않다. 라오광은 자기가 반평생 약초를 캐왔는데, 여태까지 뱀에게 물린 적이 없다고 말했다. 한 젊은이가 담대한 것을 믿고 함부로 숲으로 들어갔다가 완두콩만한 거미에게 물렸는데, 온몸에 붉고 노란 반점이 생기면서 결국 회생하지 못했다고 한다.

숲속에서 또 다른 두려운 것은 길을 잃는 것이다. 길을 잃었다 하면 온갖 위험도 모두 몰려온다. 우선 집에 가지 못하고 숲속에서 밤을 지새우다가 깜깜하고 깊은 숲에 이르면 생각지도 못했던 별난 것들이 다 나온다. 가장 무서운 것은 요괴다. 이건 일반적인 대형 또는 소형 동물이 아니라 인간도 아니고 짐승도 아닌 기괴한 물건이다. 라오광은 요괴를 말할 때 갑자기 조심하는 듯 각별하게 신중해졌다. 그는 요괴가 확실히 존재한다고 생각했다. 하지만 그것들도 인간 만물과 마찬가지로 좋은 것과 나쁜 것이 있고, 어떤 건 장난치는 것에 불과하고 호기심이 많으며 사람들을 놀리지만 해치지는 않는다. 그리고 어떤 것은 매우 나빠서 갖가지 방법으로 사람들을 괴롭히고 결국 사람을 살아나지 못하게 만든다. 이걸 '난폭한 요괴'라고 부른다. 라오광은 냉기를 들이마시면서 입가를 오무리고 고개를 맹렬하게 끄덕였다.

'난폭한 요괴'는 사람도 무서워하지 않고 동물도 무서워하지 않으며, 호랑이나 표범, 이리 등의 흉악한 동물도 무서워하지 않는다고 한다. 단지 하나는 무서워하는데 그것이 바로 고양이라는 것이다. 라오광은 정말 이렇게 말했었다. 그는 고양이 머리가 작지만 '남다른 능력'이 있다고 말했다. '남다른 능력'이 뭘까? 바로 특별하게 재빠른 몸과 뛰어난 지혜다. 또 모든 음모와 계략을 꿰뚫어보는 두 개의 눈이다.

"그 눈은 정말 일반적이지가 않아. 그 눈은 인간과 다른 동물들이 보지 못하는 혼령을 볼 수 있단다!" 라오광이 말했다. 혼령이 얼마나 사람을 놀라게 하는지, 라오광은 그 '난폭한 요괴'가 바로 흉물의 혼령이고, 그렇기 때문에 고양이는 무서워하지 않는다는 것이다.

해변 사람들은 모두 알고 있다. 인간이 만약 숲속에서 길을 잃고 사흘 안에 벗어나지 못하면 좋은 일보다는 불길한 일이 더 많아지게 된다는 사실을 말이다. 일부 사냥꾼, 약초 캐는 사람들, 또 천하에 두려운 것이 없는 어부들은 모두 길 잃는 것을 두려워한다. 이 분야에 관한 음험한 이야기는 나이 든 사람이면 사흘 밤낮으로 할 수 있다. 이야기가 놀라운 것일수록 듣고 싶어 한다. 라오광이 바로 그런 것들을 말하는 명수다. 그는 어떤 사람이 요괴에게 잡아먹히는 게 오히려 깔끔한 것이라고 말했다. 어쨌든 모든 문제가 깔끔하게 해결된 것이라는 말이었다. 어떤 사람이 요괴에 의해 나귀로 변해서 시장으로 팔려가게 된 것은, 생각해 보면 불행한 일이다. 가장 재수없는 것은 요괴의 눈에 들어 결혼하게 되는 것이다. 도망칠래야 도망칠 수도 없다. 예를 들어 아주 훌륭한 젊은이가 '난폭한 암컷 늑대'와 결혼을 했는데, 그 고초는 당해낼 사람이 없었다. 내가 왜냐고 물었다. 라오광이 한숨을 쉬고 발을 구르면서 고개를 크게 가로저었다. "받아들일 수가 없어." "왜요?" "사람이 받을 죄가 아니니까."

라오광이 나에게 남긴 가장 매서운 당부는 요괴와 결혼하지 말라는 것이었다. 다른 것들에 대해서는 오히려 중요한 것이 없다고 했다. 이렇게 해서 나는 결혼이 무엇인가를 더 알고 싶어졌다. 더 캐묻자 라오광이 말했다. "그것이 너와 친숙해지는 것이 끝나고 너를 나무에 매다는 거야."

나는 놀래서 안색이 창백해졌다. 후에 내가 외할머니에게 말하자, 외할머니는 '흥' 하면서 숲속을 쏘다니는 놈이 항상 사람을 매단다고 말했다. 내가 말했다. "그건 틀림없이 요괴일 거예요!" 외할머니는 고개를 가로저었다. "그들은 요괴보다 훨씬 더 나쁘단다."

나는 숲속으로 가지 않을 수 없었다. 문을 나서면 바로 숲이었기 때문이다. 숲속에는 나쁜 것도 있었고, 좋은 것도 있었다. 매번 숲속에 갈 때마다 놀람과 기쁨을 맞닥뜨린다. 꽃, 새, 나무, 새로 온 네 발굽 동물, 그것들은 나를 잘 대해 주었다. 좀 멀리 우리 초가집을 보면서 그것들은 숲속에서 자라는 버섯 같았다. 때로는 오랜 시간 동안 큰 나무에 기대어서 생각에 잠길 때도 있다. 외할머니는 내게 범위를 정해 주셨다. 초가집 주변 50보에서 떨어지면 더 이상 앞으로 갈 수 없다. 만약 짱짱과 함께라면 100보 내지는 좀 더 멀리 갈 수 있다.

지금은 오소리와 함께 있는데, 얼마나 멀리 갈 수 있을까?

외할머니는 생각에 잠겼다. 오소리를 돌아보더니 말씀하셨다. "그럼 100보를 가려무나." 나는 좀 신이 났다. 하지만 여전히 내키지는 않았다. 오소리의 눈은 정말 대단하다는 것을 알아야 한다. 가장 나쁜 '난폭한 요괴'도 무서워하지 않는다. 우리는 즐겁게 문을 나섰다. 큰 숲이었다. 사실 나는 일찌감치 몰래 멀리까지 갔었다. 이전에 나는 100보를 넘어 더 멀리 간 적도 있었다. 당시에 정말 무섭기는 했었다. 어두컴컴한 밀림 속으로 걸어 들어가다 요괴를 떠올리면 마음속으로 기도했다. "'난폭한 요괴'야, 절대로 나하고 결혼하면 안돼. 또 나를 나귀나 양으로 변하지 않게 해줘. 만약 그렇게 하면 아예 나를 잡아먹어 버리는 게 나을 거야."

이번에는 오소리가 있기 때문에 나는 담이 훨씬 더 커졌다. 내가 말했다. "만약 너 '난폭한 요괴'를 보면 등에 있는 털을 위로 솟구치게 해, 알았지?" 녀석은 이마를 내 손에 비벼댔다. 그리고 나서 머리를 쳐들고 나뭇가지 사이의 하늘을 바라봤다. 하늘은 정말 파랬다. 흰 구름이 흘러가고 있었다. 이따금 작은 새가 날아갔고, 더 큰 새가 소리를 내며 근처에서 날아다녔다. 멀리서 그리고 가까이서 꿩이 울고 있었고, 무언가가 그것에 대답하고 있었다. 꿩이 소리쳤다. "목말라, 목말라, 목말라 죽겠어!" 다른 소리가 들렸다. "물, 물, 물이다!" 나는 그것들을 배웠다. 그런데 입을 열면 아무 소리를 내지 못했다. 숲속에는 무수한 생명체가 산다. 그것들은 모두 놀고 있다. 또 자기 일에 바쁘다. 나는 오소리더러 어깨에 서 있거나 곁에 있게 하였다. 조금만 더 걸어가면 그곳은 갑자기 조용해졌다. 하지만 조금만 지나면 모든 것은 다시 소란스러워진다. 큰 새는 힘껏 날개를 퍼득이고, 작은 동물은 나무 밑과 풀잎 사이에서 소리를 내며 뛰어다닌다. 조금 먼 곳에 있는 무언가가 크게 웃는다. 물론 우리를 비웃는 것이다.

내가 달리자 오소리도 바짝 뒤따라왔다. 때로 녀석은 맹렬하게 앞으로 뛰어가 종적도 없이 사라진다. 내가 아무리 소리쳐도 대꾸가 없다. 내가 정말 화가 나서 더 이상 상대하지 않을 때가 되면 녀석은 어디에선가 튀어나와 내 다리를 힘껏 안는다. 이것이 녀석이 가장 좋아하는 순간이다. 우리는 잠시 안고 있었다. 녀석은 나에게 바짝 붙어 꼼짝도 하지 않는 것을 매우 좋아한다. 안타깝게도 1분을 지속하지는 못한다. 내가 시험해 본 바로는, 개는 오랜 시간 사람에 달라붙어 묵묵히 서 있을 수 있지만 고양이는 안 된다. 고양이는 이런 방식으로 친근해지는 것을 원하지 않는다. 관계가 아무리 좋아도 안 된다. 장난을 걸면 뛰는 것을 좋아하고 혼자 놀고 싶어 한다.

만약 내가 오소리를 안고 전혀 움직이지 않고 시간이 길어지면 녀석은 정말 견디지 못한다. 때로 내가 정말 견디지 못하고 녀석의 코에 뽀뽀를 하려 하면 결과는 언제나 매우 난

처해진다. 닿기도 전에 녀석은 급하게 피하고 마는 것이다. 만일 뽀뽀를 당하면 녀석은 풀죽은 모습을 하고 즉각 발을 뻗어 코를 문지른다. 그럼에도 불구하고 나는 기분이 좋아지고 기습공격이 성공했다는 즐거움을 갖게 된다. 고양이 코는 사람을 포함한 모든 동물이 가장 아름다운 부위다. 스스로 고양이 코에 뽀뽀하는 것을 억제하는 것은 솔직히 말해서 커다란 노력이 필요하다.

우리는 큰 나무 아래 앉아 있었다. 이 나무는 스윗 아카시아로 수관樹冠이 검다. 시들어가는 화사花絲가 불시에 때때로 머리에 떨어졌다. 잠시동안 정말 고요했다. 우리 둘만 있었다. 나는 또 아빠가 생각났다.

나는 아빠가 지금 뭐하고 있는지 생각했다. 아빠는 분명히 돌과 함께 칠흑같은 산 동굴에 있을 것이다. 나는 아빠가 날카로운 돌들 위에 엎드려서 팔꿈치로 땅을 지탱하며 앞으로 나아가는 것을 보는 것 같았다. "아빠." 나는 소리내어 불렀다. 오소리가 나를 보더니 두 눈을 가늘게 떴다. 나는 녀석을 무릎에 안았다. 녀석의 이마와 내 턱이 함께 연결되어 있었다. 눈물이 나도 모르게 흘러나와 녀석을 적셨다. 내가 말하고 싶었던 것은. 아빠가 돌아오면 반드시 오소리와 좋은 친구가 될 것이고, 이렇게 녀석을 안아주실 것이라는 사실이었다.

답장

 오소리는 부지불식간에 자랐다. 특별히 외할머니는 자로 재면서 녀석이 꼬리를 제외하고 아홉 치라고 말씀하셨다. 녀석은 정말 물기가 많고 매끄러운 젊은이였다. 봐라, 몸에 있는 얼룩 반점이 얼마나 선명하고, 두 귀 끝부분의 털도 더 길어졌는지. 나는 그때 녀석을 잠시 바라보면서 라오광이 예전에 추리했던 것에 대해 더 이상 의심하지 않게 되었다. 녀석이 정말 사나운 짐승의 외손자라는 말 말이다. 녀석이 일반적인 고양이가 아니라는 건 그 눈빛에서도 알아챌 수 있다. 두 눈에서 갑자기 날카로운 빛이 나오는데, 녀석이 창밖의 새들을 볼 때 그렇다. 그 눈빛은 정말 사람을 오싹하게 한다.

 한밤중에 깨어나면 나는 외할머니 머리맡으로 가서 쓰다듬는다. 만약 부드러운 느낌이 느껴지지 않으면 낙심한다. 외할머니는 나를 두드려 주면서 말씀하신다. "잘 자거라. 고양이는 고양이대로 일이 있으니. 녀석은 밤에 숲으로 가야 해." "저희 낮에 갔었어요." 나는 녀석이 혼자 숲 속으로 가는 것이 정말 달갑지 않았다. 나는 뒤척거리면서 잠을 청하다가 이윽고 잠이 들었다.

 날이 밝았다. 새벽에 일어난 일은 나와 외할머니를 놀라게 했다. 한 줄기 노을빛이 창턱을 비추고 그 위에 가지런히 물건들이 놓여 있었다. 알고 보니 모두 오소리가 잡아다 놓은 작은 동물들이었다. 그 동물들의 머리는 한 방향을 향하고 있었고, 동일한 간격으로 떨어져 있었다. 아, 도마뱀, 참새, 쥐, 게, 메뚜기, 지렁이 등이었다.

외할머니는 포획물을 세어보고는 고개를 돌려 오소리를 찾았다. 나는 물론 이것이 녀석이 한 짓이라는 걸 알고 있었다. 알고 보니 녀석은 그 날 밤에 사냥을 하고 있었고, 수확물을 집으로 옮긴 것이었다. 지금은 녀석이 없어서 집안은 매우 조용했다. 아마 밤동안 피곤해서 쉬고 있는 건지, 아니면 구석에서 우리를 보면서 칭찬을 듣고 싶은지도 모를 일이다. 안타깝게도 외할머니의 훈계가 기다리고 있었다. 외할머니는 구석 쪽을 바라보면서 말했다. "오소리, 너 듣거라. 난 네가 이것들을 아껴서 집안으로 갖고 온 걸 알고 있다. 하지만 우린 너와 다르다. 우리는 저런 걸 먹지 않아. 저것들은 너와 숲속에서 사는 것이니 죽여서는 안돼. 집에 맛있는 것들이 많으니, 넌 재네들을 해치지 말거라, 알겠니?"

대답이 없었다. 이렇게 대략 십여 분이 흘렀다. 오소리는 어딘가로부터 나왔다. 녀석은 밤새 바빴는지 몸에 이슬과 풀 조각들이 있었다. 녀석은 의기소침해져서 창턱 앞으로 걸어와서 이 포획물들을 주시하였다. 녀석은 코를 치켜들고, 두 눈을 가늘게 떴다. 마치 힘껏 방안 냄새를 맡는 듯했다. 녀석은 고개를 숙이더니 고개를 돌려 나와 외할머니를 쳐다보고는 가버렸다.

나는 외할머니에게 조용히 물었다. 어쩌죠? 외할머니는 한숨을 쉬고는 오소리의 뒷모습을 불쌍하다는 표정으로 쳐다보고 말씀이 없으셨다. 외할머니는 돌아서서 녀석을 위해 아침을 준비하셨다. 예전처럼 건어물, 새우껍질, 달걀 노른자 등 보금자리에 있는 먹을 것을 꺼내셨다.

오소리는 제멋대로 한 바퀴 돌더니 다시 창턱으로 와서 털을 정리하고 나서 가만히 가만히 앉았다. 녀석은 창밖을 내다보며 아무런 움직임이 없었다. 눈빛은 높은 곳을 향하고 있어 나뭇가지 틈으로 하늘을 보고 있는 것이 분명했다. 외할머니가 녀석을 밥을 먹으라 부르셨다. 녀석은 눈길도 주지 않았다. 아침 식사 후에 나는 외할머니와 나가서 마당을 청소했다. 돌아와서 다시 창턱에 가보니 그 위가 아무 것도 없이 깨끗해졌다.

오소리는 아무 소리도 내지 않고 포획물들을 모두 옮겨갔다. 어디로 옮겨갔는지는 모른다. 이렇게 한 달이 흘렀다. 어느 날 아침, 나는 깨어나서 외할머니가 밖에 앉아서 창 앞을 보고 계신 것을 보았다. 나는 외할머니 얼굴에 노을빛이 비추는 것을 보았다. 즐거운 표정이셨다. 아, 창턱 위에 물건들이 올려져 있었는데, 여전히 가지런했다. 하지만 그것은 포획물이 아니었다. 자세히 살펴보니, 세상에, 그것들은 달팽이가 허물을 벗은 껍데기, 말린 감국甘菊, 야생 대추, 하얀 깃털, 단추 등이었다.

나는 그것들을 건드리지 않았다. 이것들이 너무 가지런히 놓여 있기 때문이다. 외할머니는 눈살을 찌푸리며 웃었다. 가장 기쁠 때 외할머니는 이렇게 웃었다. "철든 오소리, 녀석은 우리가 좋아하는 게 뭔지 알게 되었구나. 그 단추는 밖에서 내가 언제 잃어버렸는지도 모르는 거였는데, 아마 녀석만이 찾을 수 있었을 거야. 녀석의 조그마한 발이 주워갖고 온 것이었어!" 이렇게 말할 때 외할머니 눈에는 눈물 같은 것이 반짝거리고 있었다.

검은 악령

이 날, 나와 오소리는 조금 더 멀리 걸어갔기 때문에 무서운 일을 만났다. 그건 오소리가 야기한 것이었다. 녀석은 멈추지 않고 메뚜기를 뒤쫓았다. 나는 그 뒤를 바짝 뒤쫓았다. 그리고 나서 자신도 모르게 너무 멀리 뛰고 말았다. 붉은색 큰 새 한 마리가 앞에 있는 큰 나무 위에 있었는데, 나의 주목을 끌었다. 갑자기 그 큰 새는 푸드덕 하더니 떨어질 뻔 하면서 몸을 뒤틀고는 있는 힘을 다해 날아갔다. 곧 이어 나뭇가지 사이에 힘줄이 끼인 듯, 쿵 하는 소리를 내면서 검은 그림자가 번쩍 하며 사라졌다.

나는 그것이 큰 동물이라고 생각했다. 너무 빨리 뛰어서 잘 볼 수 없었기 때문이었다. 그건 정말 놀라운 일이었다. 내가 오소리를 보자, 녀석의 수염이 치켜 올라와 있었고, 두 눈이 날카롭게 전방을 주시하는 것이 보였다. 내가 멍하니 있을 때 멀지 않은 관목이 흔들리면서 바람이 부는 것 같았다. 나는 오소리와 족제비싸리 뒤에 급하게 숨었다. 띠풀들이 전부 쓰러졌고, 무언가가 튀어나왔다.

그때 나는 분명하게 보았다. 그것은 거칠고 몸집이 작은 사람이었는데, 정말 사람을 놀래키게 생겼다. 나는 숨을 죽이고 오소리를 안았다. 그 사람은 검붉은 입을 벌리고, 어금니를 드러내고 있었고, 빡빡 깎은 머리에는 검은 힘줄이 드러나 있었다. 그 아래에 독살스러운 두 눈이 있었다. 사방을 둘러보며 그의 두 귀는 동물처럼 계속 움직이고 있었다.

오소리가 온몸을 떨고 있어서 나는 있는 힘껏 녀석을 눌렀다. 나는 녀석이 튀어 나가기만 하면 분명히 목숨을 잃는다는 걸 알고 있었다. 앞에 있는 이 사람은 매우 건장하고, 온몸에 검붉은색으로 허리에는 무기 같은 것이 매달려 있었다. 또 칼과 화살도 있었다. 사방을 살펴보더니 그는 우리를 발견하지 못한 것 같았다. 나는 두려움이 극에 달했고, 호흡도 멈췄다. 오소리도 더 이상 몸부림치지 않고 엎드려 있었다.

이 사람은 잠시 사방을 둘러보더니 다시 고개를 들어 하늘을 쳐다보았다. 그가 돌아서자 나는 하마터면 소리를 지를 뻔했다. 등 뒤에 있는 손에 붉은색 새가 쥐어져 있었고, 새의 목은 절단되어 피를 흘리고 있었다. 나는 마음이 아팠다. 이렇게 대략 10여분이 지나고 나서 그는 커다란 한숨을 내쉬면서 띠풀을 밟으면서 동쪽으로 걸어갔다. 멀리 있던 새들이 날아올랐고, 무서운 고요가 이어졌다.

우리는 여전히 움직이지 않았다. 또 잠시 시간이 흘렀고, 주변에서는 무슨 소리가 들렸다. 동물들이 숨을 몰아쉬는 것 같더니 숲은 다시 소란스러워졌다. 나와 오소리는 그제서야 관목에서 나와 크게 숨을 쉬었다. 나는 힘껏 방위를 알아보려 했다. 빨리 집으로 돌아가고 싶었던 것이다.

나는 서둘러 외할머니에게 오늘 일어난 일을 보고해야 했다. 나는 숨을 헐떡거리며 작은 뜰로 뛰어들었고, 큰 소리로 소리쳤다. 외할머니는 깜짝 놀라셨다. 나는 봤던 것을 처음부터 말했다. "이번에 정말 '난폭한 요괴'를 봤어요."

외할머니는 창문을 보시면서 말씀하셨다. "그건 요괴가 아니란다. 너 라오광이 말하던 '난폭한 요괴' 못 들어봤니?" "들어봤어요. 하지만 그 사람은 '난폭한 요괴'보다 더 나빴어요."
나는 아무 말 없이 외할머니를 쳐다봤다. 그렇다. 나와 오소리는 숲속에서 놀라서 온몸을 떨었었다. 나는 낮은 목소리로 물었다. "그 사람 누구예요? 뭐라고 불러요?" "해변 사람들은 그 사람을 '검은 악령'이라고 부른단다. 그 사람 몸에 살이 없고, 근육만 있어서 아무도 그의 적수가 되지 못해. 그 사람은 어려서부터 칼과 창을 썼고, 스무 살이 되기도 전에 무예시합에 나가 유명해졌단다. 해변 사람들은 모두 그 사람을 무서워해."

"그 사람 사냥꾼이에요?" 나는 호기심이 생겼다.

"아무 것도 아니야. 그 사람은 나쁜 사람의 꼭대기야. 못된 짓만 하면 그 사람을 찾으면 돼. 그 사람은 사람을 때릴 때 걸상에 올라서서 사람의 얼굴만 때리고 배를 짓밟는단다. 또 혁대로 사람을 패서 단숨에 사람을 혼수상태로 빠뜨리지. 그에게 맞은 사람들은 오래 살지 못한단다." "난 검은 악령이 미워 죽겠어요!" 나는 피를 흘리던 새가 생각났다.

외할머니는 숨을 들이마셨다. "얘야, 부디 그 사람을 피하고, 그 사람을 도발하지 말거라." 나는 아무 소리 하지 않았다. 나는 숲속에 왜 갑자기 이런 흉악한 검은 악령이 나타났는지를 알지 못했다. 외할머니는 조그만 뜰을 바라보셨다. 눈빛은 굳어 있는 듯 했고, 혼잣말을 하시는 것 같았다. "너희 아빠가 1년만에 집으로 돌아오는데, 오는 길에 그 사람을 만나면 정말 원수를 외나무다리에서 만나는 게 될 터인데."

"아, 둘이 만난 적이 있어요?". "'검은 악령'이 너희 아빠를 가로막고 산에서 아빠가 도망쳤다고 우긴단다. 너희 아빠는 1년에 두 번 집을 찾아오는 거고 공사장 허락을 받은 거라고 말씀하셨어. '검은 악령'은 믿지 않고, 사람들을 불러 네 아빠를 어두운 방에 가뒀단다. 휴가가 이런 식으로 엉망이 되고 말았단다."

나는 눈물을 흘리다가 매섭게 닦아냈다. 오소리는 아무 기색 하지 않고 다가와 나를 쳐다보더니 바짝 붙어 꼼짝도 하지 않았다.

여러 날들이 지나고 나와 오소리는 숲으로 가지 않았다. 외할머니는 말씀하셨다. "앞으로 그 사람 피하거라. 그 사람 정말로 '검은 악령'이란다!" 외할머니는 거친 숨을 들이마셨다. "검은 악령이 뭐냐고? 사람이 길을 한창 걷고 있는데, 앞에 검은 것이 있어서, 위로는 하늘이 보이지 않고, 아래로는 땅이 보이지 않는다고 느껴지면 두 다리는 공중에 떠 있는 듯한 느낌을 받게 된단다. 그것이 바로 '검은 악령'을 만나는 거야! 그것과 만나면 십중팔구는 살아남지 못한단다. 예전에 한 사냥꾼이 검은 악령을 본 적이 있다고 했는데, 죽지는 않았어. 하지만 침대에 반년을 누워 있다가 몸에 피부가 벗겨졌다고 해."

오소리가 어느 새 곁에 앉아 있었는데, 허리를 구부리면서 일어났다. 마치 '검은 악령'에 놀란 듯했다. 외할머니는 계속 말씀하셨다. "그 사람은 재래식 엽총을 한 자루 갖고 있고, 한 무리의 사람들이 있어. 머리는 돌처럼 단단하고, 사람의 갈비뼈를 부러뜨릴 수도 있단다. 남쪽에 있는 마을과 원예장, 숲에서는 모두 그를 무서워해서 '검은 악령'이라고 부른단다."

중추절

중추절이 되었다. 이 날은 특별한 날이다. 며칠 전부터 온 집안은 기쁨으로 가득 찼다. "우리 중추절을 지내야지." 내가 롱롱에게 말했다. 녀석이 태어난 후에 처음 명절을 쇠는데, 아무 것도 모르는 게 분명했다. 하지만 보니까 표정에서 약간 흥분되어 있었다. 녀석은 이미 7개월이 되면서 몸에 변화가 뚜렷하게 보였다. 체중이 4.2킬로그램이 되었다. 정말 기쁜 일이다. 아이는 전화를 통해 이 사실을 알고 나서 말했다. "녀석의 신체 발육 기간이 네 살까지 늘어나는데, 내년 이맘때에는 아마 7.5킬로그램까지 갈 수 있을 거예요." "아, 그럼 얼마나 큰 고양이가 되는 걸까." 나는 한숨을 내쉬었다. 그러자 저쪽에서 또 말했다. "잊지 마. 롱롱은 골격이 큰 사람이야."

롱롱과 같이 중추절을 지내야 하기 때문에, 생각해 보다가 녀석이 먹는 것을 월병 모양으로 만들기로 했다. 그건 정말 명절 모습 같았다. 오후부터 시작해서 롱롱은 씩씩한 발걸음으로 오갔고, 얼굴에는 기쁜 표정으로 마치 달이 뜨기를 기다리는 듯했다.

마침내 하늘에 붉은 노을이 가득 하고 날은 어두워졌다. 예상했던 것보다 더 큰 달이 차차 떠올랐고, 우리는 녀석을 안고 창 앞으로 갔다.

아마도 달빛이 모든 생명에 대해 특별히 작용하는 힘이 있는 것 같았다. 녀석은 쳐다보면서 오랫동안 응시하였다. 우리는 영롱한 하늘을 보고 다시 품에 있는 아름다운 얼굴을 봤다. 방 안팎에 휘영청 밝은 달이 빛나고 있는 것을 어렴풋이 느꼈다. "모든 사람이 평안하고 건강하고, 천리를 떨어져 있어도 아름다운 달빛을 함께 즐기기를" 나는 소동파의 중추 명구를 읊조리면서 녀석을 쓰다듬었다. 녀석은 포근히 안겨 있었다. 우리는 함께 유리창을 기대고 있었다. 우리는 멀리 듬성듬성 떠 있는 하늘의 별을 바라보았다. 내 생각의 흐름은 다시 여러 해 전의 중추로 돌아갔다. 마치 이 순간 오소리를 품고 있는 것 같았다.

정말 특별한 날이었다. 숲속 초가집의 중추절과 오늘은 얼마나 다른가. 그건 일생에 다시 연출되지 않을 장면이었다.

사람이 일생을 때때로 위로하고 좀 즐기기 위해서는 명절을 잘 쇠야 한다. 외할머니보다 이 이치를 잘 아는 사람은 없을 것이다. 때문에 외할머니는 명절을 가장 중시했다. 명절만 되면 그냥 보내려 하지 않고, 반드시 그럴듯하게 지냈다. 구정이나 대보름, 단오 같은 큰 명절은 말할 것도 없고, 동지나 입춘 같은 날에도 외할머니는 그에 알맞게 준비를 했다. 동지에는 물만두를 먹어야 했다. 그 시절에는 밀가루를 구할 수 없었다. 외할머니는 고구마 가루에 느릅나무 뿌리를 갈아 만든 가루를 섞어 만두피를 만들었다. 고구마가루 만두는 물이 끓으면 터져서 느릅나무 가루를 섞어야 쫄깃해진다. 만두 소는 외할머니 특기다. 나무, 포심蒲心, 목이버섯, 소사小沙버섯, 생선과 육고기 등 웬만한 건 다 넣는다.

중추절이 얼마나 큰 명절인지, 외할머니는 여러 날을 앞당겨 재료 준비를 시작하신다. 외할머니는 바쁘게 움직이면서 말씀하셨다. "아쉽게도 너희 아빠는 돌아오지 못하신단다. 다들 모이는 날인데 말이야." 하지만 엄마는 분명히 돌아오실 거다. 또 금년 중추절은 다른 때하고는 다르다. 우리 집에 오소리가 있는 것이다. 녀석은 오늘도 맛난 음식이 있다. 외할머니가 어탕으로 면을 버무려서 작고 귀여운 월병을 만들어 주셨고, 또 갈치꼬리를 몇 개 쩌주셨다.

엄마는 일찍 돌아오셨다. 엄마는 이 날이 얼마나 중요한지 알고 있었다. 그래서 해가 아직 지기도 전에 울타리 문을 열었다. 기뻤던 것은 엄마가 갖고 온 선물이 많아서였다. 어떤 선물은 원예장에서 산 것이었다. 예를 들어 포도와 붉은 과일 같은 것들이었다. 또 오는 길에 딴 것도 있었다. 집으로 오려면 숲을 지나야 하고, 조그만 나무다리를 건너야 하기 때문이다. 길가에는 야생 과일과 버섯 같은 것이 있었다. 그래서 엄마가 집에 올 때에는 빈 손인 경우가 드물었다. 한번은 엄마도 먹기 아까워하는 생선튀김 두 개를 가져왔다. 또 주먹보다 좀 작은 야생토끼 한 마리를 갖고 왔다. 엄마가 집에 와서 제일 처음 하는 일은 오소리를 안는 것이었다. 녀석의 뺨을 자기 얼굴에 바짝 댔다가 내려놓은 다음에 나와 외할머니에게 물었다. "요즘 오소리가 귀찮게 하지는 않았어?" 우리는 일제히 대답했다. "아니." 사실 우리는 모두 녀석을 위해 잘못을 눈감아 주었다. 예를 들어 녀석은 여치 한 마리를 물어 죽였고, 또 예쁜 자기그릇을 박살 냈었다. 녀석은 한밤중에 집을 나서 넓은 숲에서 얼마나 멀리 갔는지 모른 채, 날이 밝을 무렵이 되어서야 집으로 돌아왔다. 나와 외할머니가 가장 염려한 것은, 녀석이 숲속에서 난폭한 야생동물을 만나는 것이었다. 그것이 가장 무서웠다. 외할머니는 미신을 믿는 분은 아니었다. 외할머니는 지금까지 사악한 것을 믿지는 않았지만 숲속에 각종 요괴가 있다고 믿으셨다.

　우리는 밝은 달 아래서 가장 좋은 음식을 먹는다. 외할머니와 엄마가 있으면 최고의 음식이 있다. 이거 푸짐하구나, 말하면 누구나 침을 흘릴 정도로 게걸스럽다. 우리 추석 식탁에는 무엇이 있나? 일일이 나열해 보겠다. 큰 통나무 탁자를 마당으로 들어오니 중앙에는 큰 자기접시가 가득 들어 있었고, 한쪽에 있는 도발 안에는 노란색 배가 몇 개 담겨 있다. 또 한쪽 편의 나무 접시에는 잘 썬은 수박과 참외가 담겨 있었다. 모두 외할머니가 숲에서 찾아낸 것들이다. 한쪽 편 접시에는 외할머니가 직접 만든 월병이 있다. 이 월병은 자세히 설명해 보겠다. 왜냐하면 어디서나 찾을 수 있는 것이 아니기 때문이다. 껍질이 말할 수 없을 정도로 바삭바삭하고 고구마 면에 녹두, 옥수수, 메밀가루를 넣어 만들어, 호두알, 말린 살구, 오디, 건포도, 얼음설탕, 밤, 땅콩, 팥떡, 배조각, 자두조각, 살구포 등 모두 들꿀로 조리한 것들은 숲에서 직접 채취한 것이다. 월병 옆에는 천층병千層餅(밀가루 반죽을 층층이 겹쳐 만든 간편식)과 큰 꽃빵이 있고 엄지손가락 굵기의 파, 두반장, 삶은 땅콩, 토란, 건어물이며 말린 과일과 두부, 가루껍질이 있다.

　이렇게 많은 좋은 음식도 다 먹을 수는 없다. 외할머니는 말씀하셨다. "다 먹지 못하더라도 1년 동안 굶주리지 않으려면, 아무리 힘들어도 중추절은 잘 보내야 해!" 외할머니가 그날을 중시하는 것은 여느 날 이상인 듯했다. 오늘 밤이 되면 기뻐해야지, 화나는 말을 해서는 안 되는 것이다. 외할머니는 이 밤을 통해 1년 동안의 중요한 많은 일들을 알아낼 수 있었다. 예를 들어 달을 구름이 가리는지 여부를 보고 내년에 비가 많이 올지, 정월 대보름에 눈이 내릴지 여부를 알아내는 것이다. 엄마는 외할머니가 검증을 했느냐고 했고, 외할머니는 여태까지 괜찮았다고 하셨다.

그날 밤에는 아빠 얘기를 꺼내지 못한다. 나는 줄곧 참았다. 특히 보고 싶었지만 말이다. 나는 외할머니와 엄마도 마찬가지일 거라고 믿었다. 만약 아빠 얘기를 꺼내면 모두들 기분이 더 이상 좋아지지 않을 것이다. 아버지 쪽 사람들이 계속 산을 파야 한다면 아무리 좋은 달이라도 한 번 볼 겨를이 없다. 불쌍한 아빠. 나는 이런 꿈을 꾸었다. 마르고 큰 한 남자가, 물론 아빠였다. 두 다리를 두꺼운 쇠사슬에 묶인 채 함께 웅웅 소리를 내는 것이었다. 꿈이었다. 아빠 다리에는 쇠사슬이 없었다.

오소리가 신나게 월병을 다 먹었다. 식탁에 풍성하게 차려진 것을 보고도 맛있는 걸 먹지 못해서 동정심이 일어나게 했다. 우리는 술을 조금 마시려고 했다. 평상시에는 아무도 못 마시게 했다. 아빠가 산에서 돌아오면 잔을 늘어놓는 것이다. 그것이 고생한 사람에 대한 위로인 것이다. 중추절이 되어 각자 앞에는 조그만 잔이 놓였다. 그 안에는 술을 조금씩 따랐다. 엄마는 나를 격려해 주었다. "조금 마셔 봐. 조금만, 넌 사나이야." 난 사나이처럼 마셨다. 아, 세상에서 가장 무서운 것이로구나. 나는 힘들게 삼켰다.

외할머니는 술잔을 들고 오소리에게 냄새를 맡게 했다. 녀석은 빠르게 숨지 않고, 진지하게 냄새를 맡더니 재채기를 하며 튀어올랐다.

우린 이 맛좋은 음식을 다 먹지 못했다. 한밤중이 되어 달은 우리를 비춰주었다. 또 당장 떠나려 하지도 않았다. 우리는 이렇게 좋은 달빛을 떠나보내지 못했다. 또 이렇게 좋은 밤도 그랬다. 하지만 어떻든지 결국에는 잠을 자야 했다. 우리는 구들에 누워 창문을 통해 달을 보았다. 잠이 들 때까지 계속 말이다. 오소리는 재미없다는 듯이 우리를 따라 방안으로 돌아왔고, 엄마 앞에 가서 비비적거리면서 예의를 보였다. 그리고 나서 예전처럼 나와 외할머니 곁에 누웠다.

달을 보면서 생각에 잠겼다. 이런 저런 생각을 하다가 잠이 들었다. 한창 잠을 자면서 누군가 우리 집 문을 두드리는 꿈을 꿨다. "쿵쿵, 쿵쿵." 두드릴수록 소리가 커졌다. 외할머니가 벌떡 일어나 앉으셨다. 마침내 나는 또렷하게 들었다. 그건 꿈이 아니었다. 정말 누군가가 문을 두드리고 있었다. 나와 외할머니는 구들에서 내려왔다. 엄마가 벌써 일어나서 먼저 방문을 열었다.

"아, 아빠다!" 나는 벌떡 일어났다. 두 다리가 바닥에 닿지도 않았는데, 아빠는 나를 받아 주셨다. 아빠의 머리에는 달빛이 가득했다. 하얗게 빛났다. 나는 참지 못하고 손을 뻗어 문질렀다. 힘껏 두 번 문질렀다. 그 달빛은 여전히 아빠의 머리에 남아 있었다.

달을 좇는 사람

아빠가 갑작스럽게 오셨다. 모두의 예상에서 벗어났기 때문에 사람들은 모두 기뻐했다. 또 놀랐다. 엄마와 외할머니는 3, 4분 동안 정신이 나갔다가 정신을 차리고 일제히 물었다. "어떻게 돌아온 거야?"

아빠는 차분하게 대답했다. "명절 쇠러 왔지요."

나는 엄마 얼굴에 흘러내리는 눈물을 직접 보았다. 외할머니는 아무 말 없이 돌아서서 어둠 속에서 뭔가를 하셨다. 나는 마음속으로 슬펐다. 만약 아빠가 돌아오는 걸 진작에 알았더라면 얼마나 좋았을까, 불쌍한 아빠, 우리와 함께 명절도

쇠지도 못하고. 너무 아쉽게도 오늘 밤 일은 우리를 한평생 괴롭게 만들 수도 있어. 이렇게 생각하는데, 외할머니는 이미 등을 켜고는 말씀하셨다. "자, 우리 다시 명절을 보내자꾸나."

엄마는 정신을 차리고 급하게 외할머니와 바쁘게 움직였다. 통나무 탁자가 다시 뜰로 나왔고, 접시와 사발들이 모두 나왔다. 특히 술병과 잔들은 탁자 위에 많이 놓여졌다. 지금은 이미 한밤중이 지나 달이 이미 서쪽으로 기운 상태였다. 하지만 달빛은 여전히 밝았고, 공중에는 구름 한 점 없었다. 조그만 새 한 마리가 멀지 않은 곳에서 지저귀고 있었다. 무슨 동물 한 마리가 근처에 있는 나무 위에서 뛰어오르고 있었다. 아, 우리는 계속해서 명절을 쇠야 한다.

이때 우리는 모두 한 가지 일을 생각했다. 그건 매우 중요한 일이었다. 아빠에게 오소리를 소개시키는 것이었다. 그렇다. 우리 집에 입이 하나 더 늘었다. 녀석은 아직 가장을 만나지 못했다. 외할머니가 큰 소리로 불렀다. 엄마도 일어나서 찾으러 갔다. 아무데도 없었다. 나는 구부린 채 여기저기를 찾아봤다. 녀석이 틀림없이 구석진 곳으로 들어간 것 같았다. 낯선 사람을 무서워하기 때문이다. 내가 말했다. "오소리야, 무서워하지 마. 아빠가 돌아오셨어. 예전에 내가 말한 적 있지, 아빠가 돌아오신다고 말이야!"

아빠는 어떻게 된 일인지를 재빨리 이해하시고는 웃으면

서 기다리셨다. 아빠는 달빛 속 탁자 곁에 몸을 꼿꼿이 세우고 앉아계셨다. 나는 아빠가 이번 만남을 매우 중시한다고 생각했다. 하지만 망했다. 오소리는 그림자도 보이지 않았다. 작은 뜰과 방안이 고요했다. 나는 고집스럽게 생각했다. 녀석이 멀리 가지 않았고, 틀림없이 관찰하고 있을 것이라고. 위험이 없다고 느껴지면 녀석은 나올 것이라고.

아빠는 잠시 기다렸다가 일부러 얼굴을 돌려 다른 일들을 이야기하셨다. 나는 들으면서 점점 집중하기 시작했다. 나는 그날 중추절 밤을 영원히 기억한다. 또 아빠가 말했던 것을 영원히 기억한다. 원래 요 몇 년 사이에 아빠는 한 번도 가족들과 함께 중추절을 쇠지 못했었다. 그런데 오늘은 온가족이 모이는 날인 것이다. 우리가 있는 바닷가 쪽에서는 춘절을 제외하고 중추절이 되면 멀리 나갔던 사람들이 이 두 명절 때 돌아와서 온가족이 모여야 한다. 하지만 아빠는 연속으로 몇 년동안 둥근 달이 뜬 밤에 집이 있는 방향을 보기만 했다. 달빛이 너무 강해서 인지는 모르겠다. 이런 밤에 아빠는 언제나 눈을 붙이지 못했다. 공사장에서는 인부들이 떠나는 것을 허락하지 않았다. 왜냐하면 각자는 1년 동안에 두 번만 휴가를 쓸 수 있는데, 각각 3일을 넘기지 못하기 때문이다. 아빠가 금년 중추절에 다가오기 전 한 달 전에 집에 갈 생각을 했다. 식구들과 중추절을 보내고 싶었기 때문이다. 나중에 아빠는 힘을 내서 공사장 십장에게 집에 돌아가 명절을 쇠는 요구를 했다. 오가는데 하루가 걸려도 그 해에는 한번만 다녀오겠다고 말한 것이다.

아빠는 마음속에 고집이 있었다. 아무리 힘들어도 다녀와야겠다는 것이었다. 아빠는 공사장 십장에게 부드럽게 말한 적이 없었다. 하지만 이번에 아빠는 부탁을 했다. 그 십장은 마음이 약해졌다. 하지만 자신이 결정할 수는 없고, 이렇게 큰일은 상부에 보고해야 한다고 말했다. 아빠는 계속 부탁했다. 그리고는 기다리고 기다렸다. 모레가 중추절인데, 아무런 소식도 없었다. 시간이 흘렀다. 아빠는 절망하셨다. 그런데 그 날 저녁에 십장은 갑자기 아빠를 찾아와 말했다. "비준이 떨어졌어. 돌아가. 하지만 하루만에 돌아와야 해." 말을 마치고 손가락을 꼽았다. "시간이 여의치 않네. 내가 보기엔 안 가는 게 좋을 것 같네!"

아빠는 오히려 흥분해서 온몸을 부르르 떨었다. 그는 시간의 문제를 전혀 생각하지 못했었다. 집에 훌쩍 날아갈 수 없는 것이 한스러웠다. 아빠는 고맙다는 말을 연발했다. 아무 생각도 나지 않았다. 그리고는 밖으로 뛰쳐나갔다.

이렇게 집으로 돌아오는 데, 하루 남짓밖에 걸리지 않고 이틀 여정을 다 걸었다. 오는 길에 아빠는 자신에게 당부했다. "달이 아직 하늘에 있기만 하면 늦었다고 할 수 없어!" 외할머니가 돌아서셨다. 엄마도 눈물을 훔쳤다. 나는 고개를 들고 하늘을 바라봤다. 아, 달이 아직 있을 때 아빠는 정말 그 달을 좇아온 것이었다.

무슨 생각하니?

 아빠는 식탁 위의 각종 음식을 맛있게 드셨다. 엄마가 말했다. "좀 천천히, 서두르지 말고요. 어쨌든 돌아온 거잖아요." 엄마는 아빠에게 음식을 집어주고 술을 따라 주면서 나에게 말했다. "아빠 잘 모셔. 술도 따라 드리고." 나는 술 마시는 흉내를 냈다. 마치 어른처럼 술잔을 들었다. 아빠는 기분이 좋아지셨다. "사나이로구나." 나는 조금도 약한 모습을 보이고 싶지 않아서 진짜 술을 마셨다. 눈물이 핑 돌 정도로 사레가 들었다.

 외할머니가 아빠를 보시더니 갑자기 고개를 숙이셨다. 다시 고개를 들고는 작은 소리로 나에게 말씀하셨다. "네 외할아버지도 추석을 가장 좋아하셨다. 외할아버지가 이 날을 가장 중요하게 생각하셔서 집에 있는 모든 동물에게 선물을 준비해 주셨단다."

마지막 한 마디가 나를 깜짝 놀라게 했다. 호기심을 참을 수가 없어서 여쭤봤다. "녀석들한테 무슨 선물을요?" 어떤 동물인지를 보자 하면, 거북이, 구렁이, 영양, 새, 매, 고양이, 개 등 녀석들은 모두 다르단다. 너희 외할아버지는 그 녀석들을 가장 잘 이해하셨어. 녀석들과 친한 친구였지." 아빠는 들고 있던 잔을 멈추고 미동도 없이 듣고 계셨다.

이때 우리는 곁에서 미세한 사각거리는 소리도 듣지 못했다. 뭔가가 발을 문지르는 것을 느끼고 나서야 나는 오소리를 생각했다. 감히 말하건대, 그 순간에 녀석은 어둠 속에서 관찰하고 있었고, 마침내 새로 온 이 남자가 누구인지를 알게 된 것이었다. 정말로 녀석은 아빠 근처로 걸어나왔고, 고개를 들고 쳐다봤다.

외할머니가 말씀하셨다. "오소리야, 이 분이 아빠란다. 예전에 여러 번 말했었지! 착하지, 빨리 얼굴 익히거라. 아빤 널 좋아하시니, 꼭 안아달라고 해." 오소리는 사람들을 돌아보더니 다시 아빠를 응시했다. 하지만 더 가까이 가지는 않았다. 아빠는 손을 뻗었다. "이리 와라, 무릎 위로!" 녀석은 앞으로 한 걸음 걷더니, 다시 뒤로 물러났다. 엄마가 격려하기 시작했다. "아빠가 얼마나 좋은데, 빨리, 철든 아이야."

나는 아무 소리 않았다. 마음속으로만 녀석을 격려했다. 오소리는 몸을 좀 들더니 더 이상 주저하지 않고 아빠 곁으로 몇 걸음 걸어가 아빠에게 달라붙었다. 아빠는 약간 겁을 먹고 손을 뻗어 녀석을 쓰다듬으셨다. 막 안으려는데 녀석이 거부했다. 녀석은 손에서 몸부림쳤다. 내 쪽으로 돌아보더니 아빠 무릎에서 뛰어내렸다. 모두 웃었다. 아빠는 녀석과 응시하면서 크고 두꺼운 손으로 녀석의 이마에 살짝 갖다댔다. 이렇게 2, 3초 정도 지났을까, 녀석은 눈을 감고 크릉 소리를 냈다.

  달빛, 오소리의 크릉거리는 소리, 온가족, 이것들이 더해져서 가장 아름다운 순간을 만들어냈다.

  아빠는 아무 말 없이 녀석을 쓰다듬기만 하셨다. 고개를 숙이고는 오소리를 바라보셨다. 잔뜩 뒤덮은 백발과 녀석의 까만 털이 선명한 대비를 이뤘다. 아빠의 머리는 거의 전부 백발이었다. 오소리는 눈을 크게 떴다. 아, 얼마나 밝은지, 청회색이 말이다. 이 색깔은 오늘밤의 하늘과 색이 같다. 녀석은 아빠를 보면서 멍하니 있었다. 마치 오늘밤 아빠의 모습을 기억이라도 할 것처럼 말이다. 녀석은 아마도 기억하고 있는 듯했다. 그리고 나서 하늘을 올려다 보며 오랜 동안 그렇게 있었다. "녀석이 뭘 생각하는 거지?" 아빠가 고개를 들고 낮은 소리로 우리 모두에게 물었다. 엄마와 외할머니는 미소를 지을 뿐 대답할 수 없었다. 그렇다. 우리는 오소리의 이런 모습이 너무나 익숙했다. 녀석은 늘 이랬다. 순간적으로 한 방향을 응시하면서 다른 것을 외면하는 것이다.

그래, 오늘 밤에 녀석은 뭘 생각하는 거지? 우리가 함께 숲 속에 있을 때, 녀석은 혼자서 이런 장면을 연출하고 있었겠지. 한쪽에 앉아서 양 미간을 찌푸리면서 먼 곳을 올려다 본다. 이 때 녀석이 약간 낯설면 엄숙하고 조용해진다. 녀석이 무슨 생각을 하는지 추측할 수가 없다. 하지만 좀 멀거나 중요한 문제라는 건 안다. 최소한 녀석에 있어서는 분명 그럴 것이다. 녀석보다 더 생각하고 싶은 게 없다는 거, 이게 우리 식구들의 생각이다. 외할머니가 말씀하신 적이 있다. "녀석은 다 생각하지 않은 걱정거리가 있는데, 내가 정말 녀석한테 타이르고 싶다. 그렇게 진지하지 말라고 말이다." 내가 여쮜봤다. "녀석이 그렇게 생각을 많이 하는 게 쓸모가 있는 건가요?" 외할머니는 그렇지 않다고 하시면서 말씀하셨다. "어떻게 그런 걸 묻니? 인간도 늘 일을 생각하는데, 쓸모가 있건 없건 생각할 수 있는 거란다. 생각하지 않으면 어떻게 쓸모가 있다는 걸 알겠니?" 나는 찬성하면서 오소리에게 탄복했다. 그 이후로 녀석이 생각하는 모습을 늘상 지켜보았다. 나중에 나는 녀석이 정말로 많이 생각하는 걸 발견했다.

때때로 얼굴에 근심이 가득 했다. 외할머니에게 말을 했는데, 약간 마음이 아팠다. 외할머니는 오소리를 보셨는데, 마치 검증하려는 듯이 한숨을 쉬셨다. "참 작은 게 걱정은 왜 그리 큰지. 녀석이 피곤하지 않도록 우리가 조금 더 많이 생각하기로 하자."

외할머니 말씀은 줄곧 내가 잊지 못한다. 내가 오소리와 함께 있을 때 오랜 시간 녀석의 미간을 보곤 한다. 그곳에 주름지는 것을 보지 않고 싶다. 주름이 지면 나는 곧바로 펴준다. 나는 방법을 생각해서 녀석을 기쁘게 해준다. 장난감을 녀석 앞에 놔주는 것이다. 녀석은 내 부추김 속에서 뛰고 난리를 친다. 마치 아이처럼 말이다. 그래야 녀석인 것이다.

그날 밤, 나는 아빠가 내놓은 문제를 대답하고 싶었다. 하지만 생각이 나질 않았다.

성장했다

어느 날, 오소리가 담벼락에 서서 고개를 들고 가슴을 쫙 펴고는 내가 멍하니 보게 만들었다. 마치 녀석의 이런 준수하고 영특한 모습을 처음 발견한 것 같았다. 이전에 발견하지 못한 표정이 있었는데, 그 표정은 눈에서나 온몸에서, 또 빛나는 반점 꽃무늬, 건장한 네 다리, 코, 입, 심지어는 수염에서 뿜어져 나온다. 그건 말로 할 수 없는 위풍당당함이다. 사람들로 하여금 새끼표범이나 새끼사자를 떠올리게 만드는 것이다. 녀석은 숲속에 있는 모든 동물들을 합쳐 놓은 용기와 재주가 있고, 또 용맹함과 너그러움이 있다. 나는 녀석이 다른 동물을 쉽사리 침범하지 않는 것과 또 절대로 그것들을 속이거나 욕보이지 않는다는 걸 알고 있다. 이때 나뭇가지를 지나온 빛이 녀석의 몸 위로 떨어졌다. 녀석의 온몸은 밝게 빛났고, 계속해서 색을 바꿨다. 회색이었다가 자주빛과 푸른 빛이었다가 갈색이었다가 금빛 찬란한 빛을 내뿜고 있었다. 어떤 색으로 바뀌든 기름이 한 겹 배어 있었다. 마치 닦기만 하면 양손 가득 묻을 듯했다.

외할머니에게 오소리의 첫인상을 말한 적이 있었다. 외할머니는 말씀하셨다. "그건 바로 소년이지. 사람이든 동물이든 한평생 그런 날은 다 있단다. 그것들이 대단한 일을 해낸단다."

"어떻게 대단한 일을요?" 나는 마음속으로 나 자신을 생각했다.

"담력을 크게 갖고 하기만 하면 이뤄낼 수 있단다."

나는 아무 소리 하지 않았다. 나 자신이 언제나 그런 능력을 가지게 될 수 있을까 생각했다. 내가 정말 스스로 하고 싶은 일을 해내고 이뤄낼 수 있을까?

나는 다만 이렇게 생각한 적이 있다. 만약 나중에 정말 산에 보내진다면 도망칠 것이다. 하늘 끝까지라도 말이다. 이런 생각을 하면서 입밖으로는 내지 않았다.

나는 말했다. "자기가 하고 싶은 일만 하면 좋은 거죠. 하지만 전 믿지 않아요."

외할머니는 나를 쳐다보셨다. "애야, 기 죽으면 안돼." 나는 아빠를 생각했다. 아빠는 운이 좋지 않았다. 마음속으로 나는 아빠가 불쌍했다. 무슨 말을 해야 좋을지 몰랐다. 나는 외할머니 말씀이 옳다고 생각한다. 사람은 의지가 있어야 한다. 하지만 나는 안다. 사람이 무엇을 하고 싶다, 무엇을 해낼 수 있다 하는 것들은 모두 운이 좋아야 한다. 인간이나 동물이 아무리 힘이 세도 운이 나쁘면 일은 이룰 수가 없다. 오소리는 정말 착한 고양이다. 녀석은 조금 무뚝뚝하다. 나는 녀석이 큰 나무에서 날아다니면서 사람을 놀라게 하고, 높은 곳에서 뛰어내리면서 공중에서 덤블링도 하는 것을 본 적이 있다. 하지만 녀석이 운이 좋기를 바란다. '운'이란 무엇일까? 마음속으로 나는 물어보면서 미간을 찌푸렸다.

지금은 아빠를 생각 중이다. 나는 아빠를 둘러싸고 있는 모든 것들을 합한 것이 '운'이라고 생각한다. 산, 공사장의 십장, 길에서 아빠를 가로막는 '나쁜 악령', 나쁜 날씨, 아빠를 타박하는 사람, 아빠를 집에 돌아오지 못하게 하는 사람, 이런 것들을 합치면 그것이 바로 '운'인 것이다.

우리 초가집의 '운'도 좋은 것이 있고, 나쁜 것도 있다. 커다란 숲, 버섯, 봄꽃, 겨울철 눈, 각종 새, 동쪽의 도랑, 라오광과 짱짱, 지나가는 고기잡는 사람, 오소리, 나비. 좋은 운을 말하자면 끝이 없다. 나쁜 '운'은 독거미, '난폭한 요괴', 뱀, 검은 악령, 등에 총을 맨 사람. 사람을 놀라게 하는 것들이다. 내가 좋은 '운'과 한편을 먹으면 나쁜 '운'을 두려워하지 않게 된다.

나와 오소리가 함께 '운'이 좋다는 것은 바로 외할머니와 함께 있던 밤이었다. 할머니는 우리를 위해 맛있는 것들을 준비해 주셨다. 그리고 나서 옛날 얘기를 시작하셨다. 귀에 들리는 것이 입으로 먹는 것보다 더 매혹적이었다. 오소리는 옛날 얘기를 들을 때 숨소리도 내지 않았다. 녀석은 옆에서 통통한 앞발을 쭉 뻗었다. 마치 한의원에서 맥을 짚듯이 말이다. 가볍지도 무겁지도 않게 내 팔을 누르면서.

맛도 좋고 듣기도 좋았기 때문에 나와 오소리는 튼튼하게 자랐고 담력도 커졌다. 우리는 모두 나쁜 '운'을 두려워하지 않았다.

오소리는 항상 혼자서 숲속으로 갔다. 특히 한밤중에 그렇게 하는 것은 사람을 걱정하게 만들었다. 녀석은 나쁜 습관이 있었다. 그것은 바로 나와 외할머니와 떨어지면 인사를 해도 아는 체를 하지 않는 것이다. 나는 투덜거렸고, 외할머니는 말씀하셨다. "어떻게 그 녀석을 인사 시키지?" 나도 몰랐다. 하지만 난 정말 녀석이 한밤중에 몰래 나가는 것이 싫었다. "녀석이 이제 자랐으니 자기 주장도 많아질 거야. 네가 자라도 마찬가지란다. 이곳에 계속 있을 리가 없어." 말씀하시다가 외할머니는 갑자기 멈추셨다.

외할머니는 아마도 내가 산에 가서 아빠와 산을 파는 것을 생각하시는 듯했다.

설마 자라서 그렇게 비참해야 한단 말인가? 우리 조그마한 초가집, 큰비가 오면 줄줄 새고, 겨울에는 너무 춥지만 나는 아직 그 집을 떠나는 게 두렵다. 나 뿐만 아니라 엄마와 아빠도 마찬가지다. 그 분들은 기회만 있으면 이곳으로 돌아오려 한다. 또 오소리도 있다. 녀석은 아무리 멀리 가도 결국 이곳으로 돌아오려 한다. 이것이 우리 집인 것이다.

오소리가 심야에 숲속에서 무엇을 만났는지, 우리는 알 방법이 없다. 어느 날 여명에 녀석은 돌아왔다. 들어올 때 코에 상처가 나 있었다. 외할머니께 보여드렸다. 외할머니는 쪼그리고 앉아 녀석을 쓰다듬으면서 말씀하셨다. "누구하고 싸웠니?" 오소리는 상처난 코를 피하면서 얼굴을 들었다. 순간 나는 깜짝 놀랐다. 녀석의 눈가에도 상처가 있었다. "맙소사, 눈을 다쳤으면 큰일인데!" 나는 소리쳤다. 외할머니가 말씀하셨다. "녀석이 어떤 흉물을 만났는지 모르지만, 이 숲은 너무 크다." 외할머니는 한숨을 내쉬셨다. "얼마나 흉악한 놈이지 아무도 몰라. 평생 말이야."

나는 스라소니와 삵쾡이를 떠올렸다. 모두 고양이를 잡아먹는 맹수들이다. 또 뱀과 독거미도 있다. 내가 들은 바로는 독거미는 송아지만한 사냥개를 다치게 한 적이 있는데, 반나절만에 죽었다고 했다.

고양이가 만약 고슴도치와 개오소리, 뭍으로 기어오르는 맹수와 싸우면, 고양이는 적수가 되지 못한다. 오소리가 만약 그것들을 만났다면 필사적으로 피해야지 조그마한 요행심리라도 있으면 안되는 것이다. 고양이 한 마리가 얼마나 손해를 보고, 얼마나 위험을 겪어야 함정이 얼마나 깊은지 알 수가 있다. 그 '난폭한 요괴'와 '검은 악령'을 만날지도 모른다. 그것들은 고양이를 가만두지 않을 것이다.

오소리가 코와 눈을 다친 지 얼마 되지 않아, 어느 날 아침에 녀석이 밖에서 돌아왔다. 창 앞에서 목청을 가다듬고 몇 차례 부르자 문옆으로 뛰어내렸다. 얼른 문을 열었더니 녀석이 몸을 핥고 있는 것이 보였다. 녀석이 얼굴을 들었는데, 맙소사, 중상을 입은 상태였다. 얼굴에는 발톱 자국이 여러 줄 나 있었고, 피가 털을 완전히 적신 상태였다. 귀는 찢어져서 구멍이 났고, 귀끝의 털도 찢겨 없어졌다. 차가운 공기를 들이마시면서 나는 다가가서 녀석을 안아주려 했지만 녀석은 피했다.

외할머니는 문 입구에 서서 나를 말리셨다. "녀석은 커졌다. 우리가 녀석을 도와줄 수가 없단다."

추운 가을

 가을이 깊어졌다. 숲에는 알록달록한 낙엽이 깔리기 시작했다. 아침과 밤에는 정말 춥다. 모든 야생과일은 전부 익었다. 어떤 것은 땅에 떨어지기도 하고, 어떤 것은 나뭇가지에서 갈라져 단 즙이 흘러나오기도 한다. 날씨가 갈수록 추워지고 북풍이 거세지더니 나뭇잎이 떨어지지 않은 것은 붉게 물들었다. 이 때의 숲은 어떤 계절보다도 재미가 있다. 주로 먹을 것이 많아진다. 나와 짱짱은 매일 명절을 쇠는 것처럼 한참을 숲속을 쏘다닌다. 한 시간도 안돼서 입은 자홍색으로 변한다. 모두 야생과일로 물든 것이다. 우리는 물론 오소리를 데리고 가야 하지만, 녀석은 언제나 자기 일로 뛰어다닌다. 야생과일에는 흥미가 없기 때문이다. 우리 각자는 바쁘다. 언제라고 말할 수는 없지만 녀석은 빽빽한 관목 사이에서 뛰어나와 우리 다리를 급하게 안곤 한다.
 라오광은 우리보다 더 신나 했다. 약초 캐는 사람들로 말하자면, 이때가 가장 좋은 계절이다. 그는 매일 숲속 깊은 곳까지 들어간다. 만약 우리 두 사람을 보게 되면 주머니에서 이상한 것들을 꺼낸다. 새나 게, 그리고 살구 정도 크기의 새끼 고슴도치, 심지어는 주먹보다 작은 산토끼도 있다. 이 모든 것들은 우리 눈에는 진정한 보물이어서 기분이 좋아 소리치게 만들었다. 그것들은 매우 사랑스러웠다. 만약 가까이에서 자세히 보지 않으면 그것들이 얼마나 좋은지를 알 수 없게 된다. 눈, 발톱, 조그마한 몸은 사람들이 보고 좋아하게 만들고 손을 뻗어 만지고 싶게 만든다. 라오광이 말했다. "만지면 안돼." 그 맛은 정말 참을 수가 없다. 하지만 억지로 참아야 한다.

이 보물들은 아무래도 결국에는 내 것이 아니다. 왜냐하면 오소리가 있기 때문에 그것들을 집에 갖고 갈 수가 없다. 녀석은 호기심이 많아서 계속해서 그것들과 놀았고, 그 결과 짧은 시간에 그것들을 반쯤 죽여 놓았다. 어떤 것은 정말 죽었다. 그건 정말 낭패다. 그래서 이때 가장 기분이 좋은 것은 짱짱이다. 걔는 그것들을 집으로 갖고 가서 할아버지에게 자랑한다. 나는 걔 할아버지를 본 적이 있다. 술도 잘 마시고 동물도 좋아하신다. 또 집 지키는 개도 키우신다.

오소리가 더 자랐다. 이번 가을에는 늘상 나를 벗어났다. 녀석은 어른처럼 숲에서 혼자 오갔다. 때로는 나로부터 가까이 있으면서도 일부러 아무 소리 내지 않고 으쓱거리며 걸어올 때도 있었다. 날이 더 추워졌다. 아침에 풀에 흰 서리가 내렸다. 오소리는 마치 최후의 좋은 날을 잡아 기분좋게 놀려는 듯, 한밤중에 집을 나가 날이 밝아도 돌아오지 않았다. 외할머니가 반복해서 말씀하셨다. "걔는 많이 자랐어."

어느 날, 정오에 가까울 무렵, 외할머니가 점심밥을 한창 준비할 때, 나는 작은 뜰에서 놀고 있었다. 갑자기 총성이 들렸다. 우리 집에서 멀지 않은 것 같았다. "분명히 사냥꾼일 거야!" 나는 마음속으로 소리치면서 뛰어나갔다. 얼마 멀리 못 가 뒤에 있는 문에서 소리가 났다. 외할머니도 나오신 것이다. 우리는 백양나무 몇 그루와 버드나무, 소나무를 지나면서 걸음이 느려졌다. 우리는 더 이상 가지 않았다. 10여 걸음 떨어진 곳에 조그만 검은 사람이 총을 매고 위를 향해 조준하고 있었다. 내 심장은 벌렁거렸다. 세상에, 이 사람이 '검은 악령'이구나. 나는 그가 총을 겨누는 방향 쪽을 바라봤다. 자귀나무 위에 검은 그림자가 뛰어가는 것이 보였다.

"아, 오소리다!" 나는 크게 소리쳤다. '검은 악령'의 총소리가 울렸다.

외할머니는 놀라서 입을 크게 벌리고 나무를 올려다 보면서 말더듬이처럼 소리쳤다. "아아, 너구나, 너야!" 외할머니는 고개를 돌려 '검은 악령'을 노려봤다. "당신이 방금 쏜 건 야생동물이 아니고 우리집 고양이야!" 내가 소리쳤다. "오소리에요!" '검은 악령'은 손에 아직 연기가 피어오르는 무기를 들고 걸어와서 외할머니를 보더니 윗니로 아랫입술을 깨물더니 더 흉한 모습을 했다. "내가 쏜 건 야생 너구리요!" 또 나를 돌아보며 말했다. "네가 소리치지 않았으면 잡을 수 있었을 거야!" 그는 욕을 해댔다. 나는 가슴이 두근거리면서도 약한 모습을 보이고 싶지 않아 그를 향해 소리쳤다. "우리 고양이를 잡으면 안 돼요!"

그는 나를 상대하지 않고, 죽어라고 외할머니를 노려봤다. 한참을 노려보더니 그는 크게 소리를 질렀다. "차렷!" 외할머니는 못 들은 듯 말을 반복하셨다. "우리집 고양이야!" 그는 또 한 번 소리쳤다. "차렷!" 외할머니는 여전히 반응하지 않으셨다.

그는 한걸음 앞으로 나오더니 손을 뻗어 외할머니의 어깨를 찌르면서 소리쳤다. "내 말이 안들리오! 안 들리냐고?" 외할머니는 정색을 하셨다. "난 단지 알려주는 거요. 그건 우리집 고양이요. 당신이 실력이 좋다고 인정받고 싶으면 개를 놔주시오. 숲속에는 야생동물이 많으니 사냥하면 되지 않소."

'검은 악령'이 화가 나서 소리쳤다. "내가 필요로 하는 건 그 너구리란 말이오!"

그는 눈을 가늘게 뜨고 나뭇가지 사이를 쳐다봤다. 손에 있는 총을 이리저리 만지더니 외할머니를 겨누었다. "잘 들어, 나는 이번 겨울에 야생 너구리 모자를 써야 해. 그건 당신한테 달렸어. 보름 안에 나는 그 너구리 달라고 찾아올 거야."

흐느껴 울다

 악몽을 꾼 것 같았다. 이전에도 깜짝 놀라는 꿈을 꾼 적이 있었다. 다행히 그 꿈들은 진짜가 아니었다. 하지만 이번에는 진짜였다. 이날 낮에 외할머니는 집으로 돌아와 다른 것은 하지 않고 구들 위에서 정신 나간 사람처럼 앉아 계셨다.
 나는 너무 놀랐다. 스스로를 위해 용기도 냈고, 외할머니를 위로했다. "그 사람은 절대로 오소리를 못잡을 거예요!" 외할머니는 고개를 가로저었다. "애야, '검은 악령'을 만났단다."
 나는 소리쳤다. "못 잡아요!"
 "나는 녀석이 길한 것보다는 흉한 게 많을까 봐 걱정이다, 애야." 외할머니는 간신히 눈물이 나는 것을 참고 계셨다. 나는 외할머니가 우시는 걸 본 적이 거의 없었다. 1년에 한 번도 없었다. 하지만 그 '검은 악령'이 외할머니를 그렇게 만들었다.

나는 안다. 그 악독한 놈이 가장 무섭다는 걸 말이다. 누가 알았겠는가. 이쪽 해변 일대에 '검은 악령'을 안 무서워하는 사람이 없고, 전설 속의 '난폭한 요괴'보다 더 무섭다는 걸 말이다.

"어떻게 하지?" 외할머니는 중얼거리며 방안을 왔다갔다 하셨다. 외할머니 등이 심하게 굽어졌고, 미간을 찌푸리면서 창문 밖을 내다보셨다.

밤에 엄마가 돌아오셨다. 엄마는 외할머니를 보더니 무슨 일이 생겼다는 걸 아셨다. 나를 끌어다가 물으셨다. 나는 처음부터 끝까지 말씀드렸다. 콧등이 시큰해졌다. 하지만 참을 수 있었다. 엄마는 아무 소리 하지 않고 사방을 둘러보면서 오소리를 찾았다. 나는 녀석이 대부분의 시간을 숲에서 놀고, 집에 오는 시간도 점점 줄어들고 있다고 말씀드렸다. 엄마는 약간 당황하시고는 한숨을 크게 쉬셨다. 눈물이 흘러내렸다. 창피했다. 내가 말했다. "총 한 자루를 가지고 나무 위에 올라가서 '검은 악령'을 기다려야겠어요!"

밤을 보내고 새벽이 되어도 오소리는 돌아오지 않았다.

우리는 녀석이 숲속에서 그 악마를 만날까 봐 두려운 것 빼놓고는 다른 건 안 무서웠다. 녀석이 얼마나 영리한지를 나만 알고 있다. 녀석은 '난폭한 요괴'를 무서워하지 않는다. 그런데 '검은 요괴'를 무서워할 리가 없다. 외할머니는 어둠 속을 응시하며 말씀하셨다. "오소리야, 집으로 돌아오지 말거라. 아이 아빠처럼 반 년 있다가 우리를 보러 오면 된다."

엄마는 아무 소리 하지 않으셨다. 외할머니는 말씀하시면서 얼굴을 드셨다. 기도하시는 것 같았다.

이튿날 밤에 어쩐 일인지 나는 잠을 이루지 못했다. 새벽 시간에 꿈에 손 하나가 내 어깨를 흔들었다. 꿈에서 깼다. 간지러운 느낌이었다. 아, 오소리였다. 나는 한 손에 녀석을 안았다. 눈물이 왈칵 하고 쏟아졌다. 외할머니와 엄마도 깨어나셨다. 두 분은 녀석을 자세히 보셨다. 오랫 동안 헤어진 것처럼 말이다. 엄마는 녀석의 얼굴을 문질러 주시면서 낮은 목소리로 말하셨다. "잘 했구나. 앞으로 밤에는 집으로 오거라. 이렇게 평안하게 말이다." 외할머니는 즉각 동의하셨다. "맞아, 밤에는 집으로 돌아오거라."

오소리는 각각 우리 곁에 다가와서 머리를 내밀고 문지르면서 우리 손과 얼굴을 핥았다. 엄마도 눈물을 흘리셨다. 엄마가 울자 나와 외할머니도 참지 못했다.

"알아들었니? 다시 들어, 기억하고!" 엄마는 입의 녀석의 귀에 댔다. 목소리는 크지 않으면서도 또박또박 말씀하셨다.

길을 잃다

　숲속에는 소나무와 석남石楠, 용백龍柏, 여정女貞을 제외한 나무들이 모두 잎사귀를 떨궜다. 왕년의 이맘때는 외할머니가 반나절이나 밖에 계시다가 집에 돌아오실 때 과일들을 가지고 오셨는데 연한 대추, 호두, 감, 그리고 버드나무 반허리에서 따온 금빛 버섯, 모래에서 캐낸 푸들뿌리 등이었다. 엄마는 "네 외할머니가 계시니 우리는 먹을 복이 있다."라고 말씀하셨다.

　그렇다. 우리 집 집 뒤에는 깊은 움이 하나 있는데 거기에는 항상 맛있는 음식들이 많이 있다. 마늘, 과일잼, 겨울 대추, 그리고 좋은 물건들이 벽에 걸려 있고 바닥에도 놓여 있다. 하지만 올가을에는 외할머니가 거의 밖으로 나가지 않으셨다.

　오소리가 집으로 돌아오는 횟수가 갈수록 줄어들었다. 외할머니가 말씀하셨다. "녀석은 정말 철인 든 고양이야. 봐라. 녀석은 그 사람을 피하고 있어!" 만약 내가 연속 며칠간 녀석을 보지 못하면 참지 못하고 숲으로 찾으러 갈 것이다. 나는 마음이 다급해지고 무섭기도 했다. 때로는 멀리 나갔다가 외할머니가 나에게 정해준 범위를 벗어나기도 했다. 숲에서 걸어가는데 외로운 큰 새 한 마리가 나뭇가지에 앉아 있었다. 또 오소리가 생각났다.

목놓아 외치고 싶을 때가 많았지만 나는 그렇게 하지 못했다. 어쩌다가 약초꾼이나 해변에서 걸어오는 고기 잡는 사람, 총을 맨 사냥꾼을 만나기도 했다. 나는 사냥꾼이 미웠다.

어느 날 내가 새파란 석남나무 아래에서 둥우리를 발견했는데, 마음이 설 다. 오소리가 지은 새 집이 아닐까?

나는 둥우리 곁에서 한참을 쭈그리고 있었다. 녀석의 그림자도 일절 보이지 않았다. 나중에 나는 그 석남나무 아래에 몇 번이나 갔는지 모른다. 마침내 그 안에 뭔가 누워있는 것이 보였다. 하지만 오소리는 아니었고, 검은색 들고양이였다. 녀석은 나를 보더니 곧바로 일어났다. 황색 두 눈으로 나를 응시하면서 도망가지는 않았다. 내가 물었다. "고양아, 오소리 못 봤니?" 녀석은 입을 오므리더니 자리를 피해서 걷더니 나로부터 10여 미터 떨어진 곳에서 고개를 돌리더니 한참을 바라봤다.

나는 오전부터 해질 무렵까지 계속 숲속을 걸었다. 모든 걸 다 잊어버렸다. 나는 매우 낙담했다. 이전에 오소리가 이렇게 오랫동안 안 보인 적이 없었기 때문이었다. 나는 이런 저런 생각을 해봤다. 나쁜 결말을 생각했다. 바로 그 '검은 악령'이 손에 든 총으로 녀석을 명중시키는 것이었다. 나는 자신이 길을 잃었다는 걸 알게 될 때까지 아무 것도 고려하지 않고 찾아다녔다. 하지만 난 지금 아무 것도 무섭지가 않았다. 요괴도 무섭지 않았고, '검은 악령'도 무섭지 않았다.

나는 서쪽으로 지는 태양을 보고는 최대한 방향을 분별하고 앞으로 걸었다. 하지만 나는 이 숲에 대해서 아는 게 없었다. 예전에 라오광이 말하는 걸 들은 적이 있었다. 길을 잃었을 때에는 방법을 찾아야 하는데, 그 하나는 태양의 위치를 보고 또 나무의 모양을 보는 것이다. 나뭇가지가 기울어진 면을 포함해서 수관樹冠이 튀어나온 면이 남쪽이거나 남동쪽인 것이다. 나는 그의 말을 떠올렸다. 하지만 이 나무들을 자세히 볼수록 분명치가 않았다. '남쪽이나 남동쪽'이 본래는 두 가지 가능성이 있어서 한 쪽으로만 걸어가면 집을 찾지 못하기 때문이다. 나는 라오광을 원망하기 시작했다. 나에게 가르쳐준 방법은 정말 엉망이야. 나는 다른 방법을 생각했다. 결국 가장 큰 나무 위로 올라가기로 결정했다. 우리 집이 보일지 모르지만 말이다.

나는 상수리나무에 기어올라갔다. 멀리 보았지만 아쉽게도 사방에 운무가 가득했다. 땅에서 가까운 곳에는 엷은 구름이 있었고, 외할머니가 명절을 쇨 때 고르게 퍼놓은 천층병千層餠 같았다. 나는 점점 멀리 있는 산그림자를 보게 되었다. 짙은 남색이 엷은 구름 아래 있었다. 아, 저기가 바로 남쪽이구나. 아빠가 산을 파는 곳이지.

나는 나무에서 내려와서 산그림자가 있는 방향으로 걷기

시작했다. 집이 있는 방향이기도 했다. 나는 빠른 걸음으로 걸었다. 때때로 관목을 우회하기도 했다. 내가 버드나무들 앞으로 걸어갈 때 갑자기 점초苫草 한 떨기가 흔들리는 것을 보았다. 이어서 뭔가가 튀어나오는 것을 보았다. 내가 생각한 것은 산토끼였다. 하지만 그것은 놀라 도망치지 않고 앞으로 뛰어오는 것이었다. 세상에, 녀석이었다. 우리 오소리였다! 녀석은 빠른 걸음으로 걸으며 노을빛을 얼굴에 맞으며 웃고는 야옹 했다. 나는 '아이고' 소리와 함께 허리를 굽혀 녀석을 안아주었다.

오소리는 내 품속에서 잠깐 있더니 몸부림쳤다. 녀석은 나를 둘러싸고 배회하였다. 두걸음 내딛었다가 뒤로 두 걸음 물러났다. 마치 마지막으로 생각을 정한 듯 나에게 바짝 다가왔다. 나는 녀석을 안고 눈을 감았다. 녀석에 몸에서 온종일 태양에 구워진 향기로운 건초 냄새가 났다. 작은 코로 녀석은 내 뺨을 들이받았다. 뽀뽀를 한 것이 틀림없었다.

날이 완전히 어두워졌다. 숲속의 밤은 원래 이랬다. 아무것도 잘 보이지 않을 때는 여러 가지 소리가 이렇게 많이 난다. 그것은 새의 울음소리도 아니고, 내가 잘 아는 동물도 아니다. 분명치 않은 약간의 기척이다. 파도가 멀지 않은 곳에서 모래 언덕을 퍽퍽 치는 소리는 리듬이 뚜렷하다. 발 언저리에 바스락거리는 가느다란 소리가 있어 오소리가 민감해졌다.

우리는 더 이상 말을 하지 않고 단지 바싹 붙었다. 밤이 점점 깊어질수록 집으로 돌아가야 했다. 나는 줄곧 녀석을 안고 앞으로 걸었다. 이렇게 한참을 걷다가 녀석이 거부하기 시작했다. 어쩔 수가 없어서 나는 녀석을 내려놓았다. 녀석은 곧 어둠 속으로 사라졌다. 고개를 들어 방향을 가려보니 또 다시 길을 잃고 말았다. 칠흑같이 어두운 숲이여, 나는 어디로 가야 할지 몰라, 조심조심 걸었다. 하지만 조금도 무섭지는 않았다.

날이 뿌옇게 밝았을 때, 나는 마침내 울타리 문을 더듬었다. 외할머니는 나를 보고는 얼싸안고 소리를 지르셨다. "나 정말 무서웠다! 돌아왔구나!"

이튿날 오전에 나는 또 한 번 날카로운 총소리에 잠이 깼다. 내가 뛰어나갔을 때 외할머니는 이미 작은 뜰을 뛰쳐 나가셨다. 동쪽 담장 밖의 큰 자두나무 밑에 한 사람이 서 있는데, 바로 '검은 악령'이었다. 손에 든 총에서 연기가 피어오르고 있었다. 알고 보니 그는 아무 것도 쏘지 않고, 일부러 총을 쏴서 우리를 위협한 것이었다. 외할머니를 보자마자 그는 화가 잔뜩 나서 소리를 질렀다. "가져와!"

외할머니가 물으셨다. "뭘?" "너구리!", 그는 총을 들어올려 외할머니를 겨누면서 소리쳤다. "무슨 수작 부리려고? 감히 날 속여? 엉? 가져와!"

나는 정말 오소리로 변신해서 달려가 그의 팔을 물어서 피를 흘리게 하고 싶었다. 외할머니는 내 손을 꽉 잡고는 큰소리로 말씀하셨다. "걔 없어. 당신 총에 놀라 도망갔어!"

'검은 악령'은 발을 구르고 욕을 하더니 총으로 우리를 밀어제끼며 마당으로 향했다. 마당으로 들어온 후에 그는 사방을 살피더니 아무데나 총을 쐈다. 다행히 오소리는 없었다.

'검은 악령'은 집 구석구석을 뒤지고는 매섭게 말했다. "다시 한번 말하는데, 겨울에 눈에 띌 테니 난 너구리 모자를 쓰고 말 거다!"

헤어지던 날

눈이 오기 전에 나는 또 다시 숲으로 가서 오소리를 찾았지만 눈에 띄지 않았다. 녀석은 밖에서 어떻게 지낼까? 녀석이 벌벌 떠는 모습만 생각이 났다. 첫눈이 내리고 날씨가 이상할 정도로 추웠다. 나는 눈을 밟으며 숲으로 가서 곧바로 석남나무 아래로 갔다. 그 둥우리는 여전히 있었다. 하지만 또 한 번 주인이 바뀌었다. 내가 막 접근하는데, 꿩 한 마리가 있는 힘껏 빠져나와 빠른 걸음으로 좀 걷더니 육중하게 날아갔다. 오소리는 보이지 않았다. 외할머니가 말씀하셨다. "녀석은 정말 우리 말을 알아듣고 다른 곳으로 간 거야." "다른 곳이 어디에요?" "다른 곳은 하서河西란다. 그곳은 숲이 더 넓지." 나는 오소리의 외할머니가 생각나서 말했다. "라오광이 말하는 그 살쾡이가 하서에서 온 건데, 오소리가 그 녀석을 찾아냈어요. 녀석의 외손이지요." 외할머니가 머리를 끄덕이셨다. "정말 그러면 좋을 텐데."

어느 날 밤에 갑자기 누군가 거세게 문을 두드렸다. 외할머니가 웃옷을 걸치고 물으셨다. "누구요?" 밖에 있는 사람은 계속 문을 두들겼다.

외할머니는 다시 물으셨다. 밖에 있는 사람이 퉁명스럽게 말했다. "뭘 물어? 열면 되지!" 문이 열리자 사냥총을 맨 사람이 들어왔다. 외할머니는 '아' 하는 소리와 함께 뒤로 물러서셨다. 총을 멘 사람 뒤에서 또 한 사람이 걸어왔다. '검은 악령'이었다. 그는 아랫입술을 깨물면서 뒷짐을 진 채로 나와 외할머니는 보지도 않은 채 크게 소리 질렀다. "찾아, 너구리를 보면 쏴버리란 말이야!" 총을 맨 사람이 말했다. "네!"

그들은 여기저기를 샅샅이 뒤졌다. 아무런 소득도 없었다. '검은 악령'은 한 손에 총을 들고, 또 한 손에 자신의 머리를 가리켰다. 앞니로 아랫입술을 꽉 물고는 외할머니에게 말했다. "날씨가 이렇게 추운데, 내 머리에 너구리 모자 하나 없이 어떻게 겨울을 나라는 거야? 엉?"

그들은 바닥에 온통 다 토해놓고는 떠났다. 외할머니는 몸을 부르르 떠셨다. 나는 외할머니를 부축해 드렸다.

그때 이후로 외할머니는 항상 새벽녘에 깨어나서 앉자마자 창문을 쳐다보면서 중얼거리셨다. "오소리야, 절대로 집으로 돌아오지 마라. 절대로!" 이 중얼거림 속에서 이상한 일이 일어났다. 어느 새벽에 오소리가 갑자기 집으로 돌아왔다. 나는 뛸 듯이 기뻤다. 외할머니는 눈물을 흘리면서 녀석을 안고 말씀하셨다. "착한 것, 기다린다고 얼마나 힘들었는데! 난 네가 다른 곳에 갔다고 생각했다. 말랐구나, 우리 오소리!" 외할머니는 얼굴을 녀석에게 바짝 갖다대고 눈을 감으셨다. 나는 오소리가 외할머니처럼 두 눈을 감고 조금도 움직이지 않는 것을 보았다. 이전에 녀석은 이렇게 한 적이 없었다.

그날 아침, 우리는 맛있는 음식을 모두 찾아냈다. 하지만 오소리는 한 입도 먹지 않았다. 녀석은 외할머니 곁에서 잠시 누워 있다가 다시 몸에 기대어 코를 골았다. 이렇게 오전 시간까지 있다가 녀석은 음식을 조금 먹었다.

한낮이 되자 오소리는 창턱에 서서 바깥의 햇빛을 바라보면서 또 우리 쪽을 돌아봤다. 녀석은 방 안팎에서 한동안 밖을 보다가 배회하더니 문 쪽으로 걸어갔다. 녀석은 작은 뜰로 나갔다. 내가 소리치니 외할머니가 제지하셨다.

우리는 문 쪽에 서서 녀석이 숲으로 사라질 때까지 눈으로 배웅했다.

그 이후로 오소리는 다시 돌아오지 않았다. 그 새벽이 결국 우리와 녀석의 마지막 모습이었다. 그 후 나는 여러 번 숲으로 갔었지만. 겨울부터 봄까지, 다시 여름까지, 다시 녀석의 모습은 보이지 않았다.

내가 외할머니께 말했다. "이번에 오소리는 정말 다른 지역으로 갔나 봐요." 외할머니가 낮은 목소리로 말씀하셨다. "가야지, 우리 같은 사람들이 그런 걸 키울 수는 없는 거야!"

또 다시 봄이 되었다. 해변의 아카시아 꽃이 활짝 피어나 견딜 수 없을 정도로 향이 좋았다. 노란색과 자색, 파란색 꽃들이 초원을 뒤덮었다.

종달새가 하늘에서 즐겁게 지저귀고, 짱짱과 나는 숲속에서 한가롭게 노닐었다. 하지만 신나지가 않았다. 그는 하늘의 종달새를 보더니 다시 고개를 숙여 발밑을 보았다. 우리는 토끼 한 마리를 만났고, 나는 그 토끼를 품에 안고 집으로 돌아왔다. 마치 막 집에 온 오소리처럼 그 토끼에게 가장 맛있는 음식을 주었지만 토끼는 먹지 않았다. 외할머니가 말씀하셨다. "숲으로 돌려보내거라. 엄마가 보고 싶을 거야." 비록 나는 아쉽기는 했지만 토끼를 숲속 깊은 곳에 놓아주었다.

엄마가 집에 오실 때 나를 위해 작은 고슴도치 한 마리를 잡아 오셨다. 나는 고슴도치에게 먹을 걸 줬는데, 먹지 않았다. 토란, 고구마, 대추, 배추, 땅콩, 밤, 산사山査 등을 모두 먹지 않았다. 외할머니가 말씀하셨다. "괴롭히지 말거라. 그 녀석은 숲을 좋아하는 거야." 나는 아픔을 참고 그 녀석을 놔주었다. 하지만 내가 정말 좋아한 것은, 그 녀석의 길게 자란 입, 금색 눈썹, 턱 아래에 있는 가느다란 솜털, 또 다섯 손가락이 달린 작은 손바닥을 잊을 수가 없다.

나는 여전히 오소리 생각을 하고 있다. 녀석과 헤어지던 날에 나는 비슷한 새로운 친구를 찾고 싶었었다. 그런 것들이 없다는 걸 알고 나는 정말 괴로웠다. 그건 특별한 외로움이었다. 거기에 아빠 엄마가 보고 싶어서 죽을 정도로 괴로웠다. 이 괴로움은 마음 한 구석이 아니라 목구멍 밑에 있었다. 정말 참을 수가 없었다.

이 그리움을 막기 위해서 나는 시험적으로 메뚜기, 사마귀, 붉은턱 울타리새, 청개구리, 가물치, 참새 두 마리를 길러 봤다. 하지만 나중에 놔주었다. 왜냐하면 그것들은 집에서 마찬가지로 즐겁지 못했기 때문이었다. 외할머니가 말씀하셨다. "그것들과 넌 공통의 언어가 없단다." 이 말에 난 동의하지 않고 여쭤봤다. "오소리는 있나요?" 외할머니는 고개를 끄덕이셨다. "그래, 마음속 말이지." "마음속 말이 뭐예요?" "마음속 말은 마음속에 담아 두면 그것으로 되는 거야."

마음속의 말

 몇십 년이 흘렀다. 나는 많은 일들을 잊었다. 하지만 외할머니가 말씀하신 '마음속 말'이라는 말을 잊지 않았다. 나이가 듦에 따라 나는 그것의 의미를 더 알게 되었고, 또 사람에게 '마음속 말'이 얼마나 중요한 것인가를 알게 되었다. 언어가 난무하는 이 시대에 뱉어내는 말보다 무게가 더 나가는 경우가 더 많다. '마음속 말'은 잘 들어야 하고, 특별한 귀를 필요로 한다. 아니, 신경 써서 들어야 한다.

 인간과 동물 사이, 인간과 인간 사이에는 항상 이 특이한 언어를 통해 소통한다. 우리가 한 사람을 사랑하면 때로는 말로 하지 않고, '마음속 말'을 사용한다. 상대방이 듣고 '마음속 말'로 대꾸한다. 뱉어내는 말은 '마음속 말'과 다르다. 따라서 항상 '마음속 말'을 기준으로 삼아야 한다. '마음속 말'이 존재하기 때문에 수많은 사랑이 생겨나고, 막을래야 막을 수 없게 된다. 한 친한 친구가 나에게 이렇게 말했다. "내가 젊을 때 한 아가씨를 정말 사랑했어. 그런데 너무 사랑해서 얼굴을 보면 말이 안 나오는 거야. 얼굴은 붉어지고 목은 콱 막혀서 나중에는 '마음속 말'을 할 수밖에 없었어." 결과적으로 상대방은 '마음속 말'을 잘 듣는 사람이 아니었고, 결국 일생 대사는 틀어지고 말았다. 그 친구 말이, 사실 상대방도 그 친구를 사랑했었는데, 말하기가 민망했었다는 것이었다. 나중에 각자 가정을 가지게 되면서 그제서야 당시에 했었던 오해를 말하게 되었다는 것이다. "이봐, 눈 뜨고 빤히 보면서 그런 큰일을 그르쳤던 거야."

아이에게 내가 말했다. "우리 롱롱은 말을 하지 못하지만 난 녀석이 하는 '마음속 말'을 알아들을 수 있어." 그건 당연했다. 녀석의 눈은 말을 하고 있었던 것이다. 나는 말하고 싶었다. "그래, 그런데 내가 가리키는 또 다른 말하는 방식은 마음속 깊은 곳에서부터 나오는 거야." 나는 말하지 않았다.

롱롱이 우리 집에서 지낸 지 만 1년이 지나면서 키도 커졌다. 체중을 재보면 5킬로그램이 넘었다. 나는 뛸 듯이 흥분했다. 나중에는 아예 녀석을 '5킬로 롱롱'이라고 불렀다. 녀석은 수식어가 붙은 새로운 이름에 익숙하지 않은 듯, 힐끗 보더니 묻는 것 같았다. "무슨 일이야?" 나는 녀석의 코를 긁으면서 말했다. "칭찬하는 거야!"

나는 집에 이 특별한 구성원이 있은 다음부터 어떤 변화가 일어나기 시작했음을 느꼈다. 그건 말하기 어려운 화학적 변화였다. 어떤 특별한 안정감과 위로감, 믿는다는 느낌이 서서히 나타났고, 날이 갈수록 늘어났다. 확실치 않은 공허한 느낌, 가끔 나타나는 절박함이 사라지는 듯했다. 모든 사람들이 근절하지 못하는 현대병이면서 평생 달고 사는 질병인 외로움은 우리 집에서 효과적으로 억제되었고, 대부분 치유되었다고 할 수 있다.

푸른 눈을 내가 가까이에서 볼 때, 녀석의 부드러운 손을 잡을 때, 둥글둥글한 녀석의 섬세한 코와 부딪힐 때, 나는 마음이 이미 녹아든 가장자리에 있다고 말할 수밖에 없다. 롱롱은 모든 아름다움의 중첩이다. 또 내가 말하고 싶은 많지 않은 완벽함의 대명사다. 우리는 녀석을 위해 더 많이 바칠 것이다. 그런데 우리는 잠시 녀석을 위해 너무 많은 일을 해줄 기회가 없다. 우리와 녀석은 틀림없이 피차 필요로 할 것이고, 그걸 이해하는 것도 쉽지는 않다. 녀석은 아무것도 안 하고 종일 한가한 것 같지만 우리를 위해 더 크고 더 많은 일을 한다. 그런데 그 일들은 우리가 하기 어려운 것들이다.

외지 친구가 고양이 세 마리를 키우는데, 그는 고양이들이 편안하게 쉬고 있는 사진 몇 장을 보내면서 말했다. "녀석들은 평상시에 이렇게 지내. 아무 일도 상관하지 않아." 나는 그가 고양이들에게 무슨 일을 상관하라는 건지 알 수 없었다. 고양이들이 한가한 모습을 보니 정말 늘어진 모습이었다. 나는 그의 말을 생각해 봤다. 롱롱에 대해 조심스럽게 결론을 내린 다음에 솔직하게 답장했다. "우리 롱롱은 그렇지 않아. 녀석은 총괄적인 관찰을 맡아."

내가 이렇게 말한 것은 근거가 있었다. 녀석은 매일 집에서 여러 차례 집안을 돌아다닌다. 산보 같기도 하고 순시 같기도 하다. 녀석은 구석구석을 돌아다니면서 진지하게 보고 나서 그만 둔다. 최소한 지금까지 녀석은 우리를 도와 몇 가지 일을 처리했다. 대문 열쇠를 두 번 잃어버려 초조해하고 있을 때 녀석은 안에서 문을 열어주었다. 수도꼭지를 세 번이나 소홀히 했을 때 녀석은 쫓아와서 우리를 일깨워주어 물난리 나는 것을 막아주었다. 또 몇 차례나 주방에서 실수를 했던 것을 녀석이 먼저 제때 발견해서 우리를 불러주었다. 평상시에 초인종 소리가 난다든가 전화벨이 울린다든가 하면 녀석은 먼저 반응을 보인다. 일어나 걸어가서 앞에서 안내하는 것이다.

하지만 내가 말하고 싶은 것은 그런 것들이 아니다. 분명하게 말할 수 있는, 눈앞에서 펼쳐지는 실생활의 모든 도움이 가장 중요한 것은 아니기 때문이다. 녀석은 우리에게 없어서는 안 될 생명으로서 우리로 하여금 이 세상의 더 많은 생명들을 생각하게 한다. 녀석은 우리와 다르면서도 얼마나 비슷한지. 서로 다른 생명의 동반자가 되어 우리로 하여금 마음을 놓이게 한다. 세상은 너무 넓다. 미지의 것은 너무나 많다. 우리는 그것들과 함께 서로 응시하는 것이 가장 큰 상호 돌봄이다. 우리가 그것들에게 어색하면서도 또 익숙한 눈길을 보낼 때 이 마음의 창문은 얼마나 밝고 심오하며 아득한가를 느낀다. 그것이야말로 진정한 먼 곳으로 통하는 것이다. 그 먼 곳이 무엇인가? 기대인가 아니면 허락인가? 우리는 일일이 대답할 수 없다. 신비한 질문을 남겨 놓고 천천히 이해하고 깨달아가자.

생명은 모두 책임이 있는 것이다. 우리 자신은 항상 책임을 말한다. 그리고 동물, 예를 들어 고양이는 그렇지 않다. 하지만 그것들은 책임에서 벗어나지 못한다. 왜냐하면 모든 생명은 예외가 없기 때문이다. 그런데 그것들의 진정한 책임은 종종 드러나지 않는다. 농촌의 마당에서 고양이의 책임은 이렇게 고지된다. 쥐를 잘 잡아야 한다. 도시에 있는 고양이 대부분은 그런 긴박한 임무가 없다. 하지만 그것은 여전히 자신의 책임이 있다. 그것은 바로 그것 자신의 방식에 따라 존재하는 것이다. 인간의 가장 큰 책임과도 같다. 바로 인간다운 삶을 사는 것이다.

나는 롱롱의 수많은 모습과 수많은 시간을 사랑한다. 하지만 녀석이 혼자 사색하는 모양을 가장 사랑한다. 이때 나는 그의 마음속 말을 듣는 것 같다. "잠시 나를 괴롭히지 마세요. 중요한 일을 생각해야 하니까요."

생각

인간과 녀석은 공통점이 좀 있다. 어떤 걸 생각할 때 방해받고 싶어하지 않는다는 것이다. 우리는 알고 있다. 인간과 인간의 가장 큰 차이는 생각 능력의 다름이라는 것을. 이런 능력의 차이는 방해받지 않는 시간이 얼마나 되느냐에 따라 판단할 수 있다. 어떤 사람은 매우 생각을 잘 한다. 그래서 오랜 시간 조용한 곳에 있으면서, 홀로 있는 공간을 가지게 된다. 그런데 어떤 사람은 그렇지 않다. 언제나 많은 사람들과 함께 있고, 시끌벅적하게 지내는 것이다. 16세기에 몽테뉴라는 프랑스 사람이 있었다. 그는 많은 문제들을 집중해서 생각해야 했는데, 일반적인 시간과 공간이 충분치 않았기 때문에 특별히 높은 보루를 쌓고 자기를 감금하고는 나가지 않았다. 그는 자신을 10년간 가두고 나서야 보루를 나섰다. 이 10년 동안 그는 중요한 많은 문제를 생각했고, 명쾌한 답을 얻었다.

내가 봤던 동물 중에서 고양이가 가장 생각을 잘 한다. 이건 아마도 틀림없는 사실일 것이다. 고양이들은 충분한 시간과 공간을 찾아 생각을 하려고 온갖 방법을 동원하고, 주인집에서 여기저기 숨을 수밖에 없다고 할 수 있다. 그것들은 잠자는 시간을 빼고는 많은 시간 동안 생각에 잠긴다. 뛰어난 고양이일수록 혼자 있기를 잘 한다. 롱롱은 물론 생각할 때 방해받는 것을 피하려 한다. 게다가 생각의 깊이에 따라 자세를 바꾸기도 한다. 일반적인 생각일 때는 옆으로 눕고, 좀 진지할 때에는 엎어져 눕는다. 가장 엄숙할 때는 똑바로 앉는다. 녀석이 머리를 들고 가슴을 쭉 펴고 앉아 있으면 두 발은 곧바로 서고, 눈을 가늘게 뜨거나 한 방향을 곧바로 쳐다본다. 그건 매우 몰입해서 생각하는 것으로, 매우 중대한 문제를 생각하는 것이다.

우리는 녀석이 평상시에 무엇을 생각하는지를 상상해 본다. 통상적으로 그건 인간들이 호기심을 갖는 것이다. 녀석의 머릿속에 들어가는 내용은 매우 복잡할 것이다. 겪었던 일들, 상상하는 일들이 쏟아져 나올 것이다. 예를 들어 녀석은 부모와 형제를 그리워할 수도 있다. 어렸을 때의 일도 생각할 수도 있고, 어떤 인상이나 장면이 스칠 수도 있을 것이다. 녀석은 괴로워할 수도 있고, 그리워할 수도 있으며 미련이 있을 수도 있다. 왜냐하면 녀석은 그것들을 다시 못 볼 것이기 때문이다. 이건 어떤 생명도 직면해야 하는 고통이자 결핍이다. 인간의 이기심과 난폭함이 다른 부류에 끼친 상처는 메울 수 없다. 각종 맛있는 음식과 장난감, 후한 물질적 조건은 아마도 그들의 고통을 상쇄하기에는 충분하지 않을 수도 있다. 동물들이 정신을 갖고 있지 않다는 인식이 얼마나 조잡한지 모른다. 그것은 잔인한 인연이자 유래이다. 녀석들은 정신을 소유하고 있고, 관찰도 한다. 어떤 면에서, 어떤 항목에서는 인간보다 뛰어날 수 있다. 녀석들의 단순함과 한결같음, 충성심과 소박함은 많은 사람들이 깊은 감흥을 느끼고 자주 감동한다.

"녀석은 많은 것을 떠올릴 수 있어. 기억하는 모든 경험부터 한 장면씩 꿈꾸는 것과 같아. 녀석은 자신의 가능한 범위 안에서 뭘 해야 하는지, 뭘 하지 말아야 하는지를 생각해." 내가 찾아온 친구에게 한 말이다. "그렇게 복잡하단 말이야?" "무릇 생명은 모두 비슷한 문제를 직면하고 있어. 우리도 마찬가지야." 나는 이렇게 추단했다.

친구가 한숨을 쉬었다. "녀석이 그렇게 많이 생각해도 우리에게 알려줄 방법이 없으니 정말 불쌍하다." "그래. 우리도 마찬가지야. 우리는 많은 걸 생각하지. 하지만 다른 사람에게 알려줄 방법이 없어. 우리 대부분의 생각은 마음속에만 머물러. 그건 롱롱도 마찬가지야. 우리가 생각하는 많은 일들은 쓸모없는 거 같아. 하지만 생각은 해야 해. 인간은 살아가기만 한다면 생각을 해야 해." "나는 생각한다. 고로 나는 존재한다는 거야?" "그렇지, 대입해 보면, '고양이는 생각한다. 고로 고양이는 존재한다'가 되지."

"너 지금 무슨 생각하고 있니? 나한테 말해줄 수 있어?" 롱롱은 눈을 굴리는 것이 마치 나에게 묻는 것 같았다.

나는 마음속으로 대답했다. "음, 나 또 그 초가집 생각났어.

어렸을 때 우리 집 말이야. 오소리가 떠난 뒤에 우리 집에서 키웠던 모든 동물들을 생각하고 있었어. 녀석들은 그 수가 많았는데, 모두 각종 이유로 차례로 떠났다고 말한 적 있었지. 많은 경우에 인간들은 녀석들을 돌볼 수가 없어서 자신의 책임을 다 하지 못한단다. 그럴 바에야 왜 녀석들을 곁에 두려는 걸까? 이기심 때문에? 물론이지. 하지만 내가 말하고 싶은 것은, 모든 것이 그렇게 간단하지가 않다는 거야. 그 중에서 가장 중요한 것은 사랑 때문인 건지. 그건 일반적인 사랑이 아니고 참기 어렵고 밤낮으로 생각하고 그들과 함께 있지 않으면, 서로 지켜주고 쓰다듬어 주지 않으면 안되는 그런 욕망이야. 이런 마음이 갈수록 절박해질 때 더 이상 제지할 수 없게 되고, 그것들을 찾아서 안아주게 되지. 당시에 그런 복잡한 이유로 나는 용서받을 수 없는 잘못을 저지르게 된 거야."

녀석은 내 목소리를 듣지 못했다. 하지만 그 눈빛은 위로를 보내왔다. 이렇게 말하는 것 같았다. "나 듣고 있어. 나는 그 녀석들이 너를 원망하지 않는다고 생각해." 나는 고개를 숙였다. 그 눈빛을 응시할 수 없었기 때문이었다. 나는 줄곧 느꼈고, 느끼는 것 같았다. 녀석이 그들을 알고, 또 녀석이 그들이 보낸 대표라는 걸 말이다. 그럼에도 불구하고 나는 스스로 말해야 한다는 걸 안다. 오소리의 이야기 후반부가 롱롱이 듣기에 적합하지 않은 것처럼. 그렇다. 마지막으로 나는 식구들과 스스로에게 말할 수밖에 없었다. 내가 말하지 않아도 그 옛날 일들을 하나씩 떠올리는 것이 불가능하다고 생각하지 않는다. 때로 나는 어떤 일을 하고 있지만 어찌된 일인지 정신이 나가 있다. 한 곳을 뚫어지게 바라보면서 말이다. 이 자세는 롱롱과 마찬가지다.

그렇다. 나는 생각하고 있다. 내가 생각할 때에는 다른 사람에게 방해받고 싶지 않다.

끝없는 생각은 사람을 피곤하게 한다. 하지만 멈출 수가 없다.

나는 물론 알고 있다. 자신의 수많은 생각이 쓸모없다는 것을 말이다. 하지만 고양이처럼 생각 자체는 멈출 수 없는 것이다.

향기 나는 강아지

나는 자신이 가졌었던 그 동물 친구들, 그 녀석들과 늘 함께 한 날들을 생각하고 있었다. 내가 가장 견딜 수 없었던 것은 눈이 밝게 빛나고 똑똑하며, 지혜롭고 순결한 것이었다. 주로는 순결함이었다.

그것은 잡티 하나 없는 눈동자였다. 이 세상 사람들은 그들의 마음의 창에 만약 어떤 동물의 청결함과 투명함이 세상을 향해 투사된다면 그것은 분명히 가장 대단할 것이다. 물론 하나의 생명체로서 그(그것)의 눈빛도 모두 이와 같을 수는 없어서 서로 다른 시각과 장면을 보려고 할 것이다. 때로는 슬프고, 고통스럽고 의심하게 된다. 심지어 두렵기까지 하다. 하지만 동물에게 있어서는 약탈하는 흉악한 짐승 빼놓고는 그것들의 눈빛은 언제나 교활한 것이 드물다. 그것들 가운데 대부분은 우리에게 해를 끼치지 않는 친구들이다.

나는 해변에서 늘상 말하는 요괴를 본 적이 없다. 그것들의 눈이 어떤지를 모른다. 이상한 것은, 내 상상 속의 요괴는 사람을 놀라게 하는 것을 빼놓고는 미워할 필요가 없다는 것이다. 내가 들은 바로는, 요괴들 중에서 잔인한 것은 극소수의 '난폭한 요괴'에 불과하고, 일반적인 요괴는 장난을 좋아하고 사람들을 놀리며 또 대부분은 이런 행위의 심각성을 모르기 때문에 큰 화를 빚어낸다는 것이다. 요괴들은 십중팔구 재밌는 녀석들이고, 책에 있는 말로 하자면, 모두가 유머스럽다.

오소리와 아프게 헤어진 다음에 나는 넋이 나간 사람처럼 온종일 숲속을 돌아다녔다. 친구 짱짱 조차도 말리지 못했다. 일부러 나는 숲속 깊은 곳으로 갔다. 외할머니의 경고는 대수롭지 않게 생각했다.

당시 마음속에는 고집이 있었다. 어떤 것도 개의치 않았던 것이다. 나는 또 만약 총을 한 자루 가진 채 숲에서 '검은 악령'을 만나면 정말 그에게 쏠 생각이었다.

어느 날 짱짱이 나에게 말하길, 자기 할아버지 친구가 포도원을 관리하고 있는데, 그곳에서 키우는 개가 강아지를 낳았다고 했다. "모두 세 마린데, 정말 예뻐!" 짱짱이 소리쳤다.

우리는 지체없이 떠나서 단숨에 넓은 숲을 가로질렀다. 아, 작은 정원에 포도는 수확을 했고, 듬성듬성 열매들이 틀 위에 걸려 있었다. 마당에 들어서자 짱짱이 보랏빛 포도를 찾아서 계속 입에 넣었다. 나도 조금 먹었다. 아주 달았다. 우리는 멀지 않은 곳에서 개 짖는 소리가 들릴 때까지 포도를 먹었다. 그제서야 소리가 나는 쪽으로 뛰어갔다.

과수원을 관리하는 오두막 앞에 큰 개 한 마리가 꼬리를 흔들면서 우리를 보고 있었다. 그 녀석은 짱짱을 알아보고는 꼬리를 흔들었다. 짱짱이 녀석의 이름을 불렀다. "쏼쏼." 내가 그렇게 부르자 녀석은 나를 쳐다보고는 머리를 흔들었다. "킁." 짱짱은 녀석을 쓰다듬었다. 녀석은 신이 나서 앞발을 내딛었다. 한 노인이 방에서 나왔다. 짱짱이 "강아지 좀 보려고요."라고 말했다. 그러면서 직접 쏼쏼의 집으로 갔다. 몸은 아직 들어가지 않은 상태에서 털공 하나가 굴러나왔다. 나는 깜짝 놀랐다. "세상에, 이렇게 예쁜 강아지가."

알고 보니 한 마리만 그랬다. 나머지 두 마리는 원예장 사람에게 분양이 되었다. 노인은 얘가 가장 좋은 거라고 하면서 말했다. "아무도 안 보내. 섭섭해서 말이야."

나와 짱짱은 얼룩 강아지를 보면서 아무 소리도 하지 않았다. 녀석 몸에는 백색 바탕에 짙은 갈색이 반점이 있어서, 보면 한 송이 큰 꽃처럼 보였다. 녀석은 매우 쾌활했다. 줄곧 구르며 웃었고, 앞발을 서툴게 들어올렸다. "이건 내 호랑이 새끼다." 노인이 녀석을 안고 코를 쓸어주었다. "녀석한테 향기가 나!" 나와 짱짱은 곧바로 다가가서 냄새를 맡았다. 아, 정말이었다. 그 냄새는 막 빨갛게 변한 사과 같았다.

짱짱이 물었다. "어떻게 된 일이에요?" 노인이 말했다. "어떻게 된 거냐고? 말해주마. 천 마리 강아지 중에 한 마리만 이렇단다. 향기 나는 강아지지." 나와 짱짱은 다시 다가가서 냄새를 맡았다. 정말이었다. 향기가 짙어졌다가 옅어지고 했다. 우리는 경쟁적으로 녀석을 안고 냄새를 맡았다. 녀석은 품속에서 몸을 비틀었다. 노인이 말했다. "얼룩 호랑이야, 두 작은 형에게 잘 해줘라. 형들이 너를 좋아하는구나!" 녀석은 노인을 보더니 입술을 핥았다. 잠깐 조용히 있더니 다시 몸을 비틀었다.

잘못을 저지르다

　포도밭에서 돌아온 후에 내 머릿속에는 '얼룩 호랑이'가 깡충깡충 뛰고 있어서 뭔가를 할 마음이 없었다. 밤에 꿈에서 녀석은 우리 구들에 오소리처럼 누워 있었다. 낮에 제일 하고 싶었던 것은 그 포도원에 가보는 것이었다. 나는 짱짱과 함께, 또는 혼자, 포도밭에서 하루 종일 기다리기도 했다. 노인이 말했다. "너희한테는 작은 일이지만 식구들이 나를 욕한다." 이렇게 중얼대는 소리도 우리는 못 들은 체했다. '얼룩 호랑이'는 빠르게 성장했다. 눈 깜짝할 사이에 한 자나 자랐는데, 여전히 동글동글하고 과거에 비해 더 사랑스러워졌다. 노인은 계란 하나를 멀리 두면서 말했다. "나한테 갖다 줘."

　녀석은 기꺼이 걸어가서 조심스럽게 입을 벌려 계란을 물고 노인 앞으로 갔다. 그리고는 머리를 땅에 붙이고 입에서 조심스럽게 떼어냈다. 계란은 전혀 깨지지 않았다. 노인이 하는 모든 말을 녀석은 알아듣는 것 같았다. '악수'라는 말을 하면 녀석은 곧바로 앞발을 손에 놓고, 다음 동작을 받아들인다. '차렷'이라고 말하면 녀석은 곧바로 엄숙한 표정으로 앞발을 가지런히 한다. '우향우'라고 말하면 녀석은 고개를 들고 가슴을 펴서 얼굴을 우측으로 돌린다. 나와 짱짱이 박수를 쳐주고 껴안아주면 털이 보송보송한 이마를 얼굴에 갖다댄다.

이렇게 아무 말 없이 끌어안고 있다가 녀석이 견디지 못하면 품속에서 빠져나온다.

　날이 저물어서야 어쩔 수 없이 헤어져야 했다. 돌아오는 길에 우리는 어떻게 해야 '얼룩 호랑이'를 안고 집에 갈까를 생각했다. "우리 할아버지에게 부탁해 보고, 안되면 그것을 훔치는 걸 생각해볼까." 짱짱이 말했다.

　나는 아직 별 생각이 없었다. 다만 반드시 녀석을 얻어야 한다는 건 알고 있었다. 짱짱은 머리를 긁다가 눈을 깜박거렸다. "할아버지네 술이 있어. 술을 훔쳐다가 그 분께 드리자. 기분이 좋아지면 '얼룩 호랑이'를 우리에게 주실지도 모르잖아!" 내 눈이 반짝거렸다. 정말 일리가 있는 것 같았다. 짱짱이 생각이 그럴 듯했다.

　우리는 곧바로 실천에 옮겼다. 이튿날 짱짱이 술을 훔쳐서 조롱박에 담아 함께 포도밭에 갔다. 노인은 조롱박 마개를 열지 않고 술이라는 걸 알고는 기뻐서 품에 안았다. "내가 잘못 보지 않았지, 정말 착한 아이들이구나!" 말을 마치고 마개를 열고 한모금 마시더니 정신을 집중했다. "술은 나쁘지 않구나!" 그는 연거푸 몇 잔을 마시더니 조롱박을 품속에 넣더니 중얼거렸다. "좋은 걸 한꺼번에 다 마실 수는 없지."

　그렇게 말했지만 그는 시시때때로 들이켰고, 정오가 되기도 전에 말이 많아졌다. 나와 짱짱은 웃었다. 노인이 비틀거리면서 걸을 때 우리는 '얼룩 고양이'를 데려가겠다고 했다. 노인의 눈이 즉각 날카롭게 변하면서 정색하였다. "그건 안돼!"

우리는 의기소침해져서 포도밭에서 돌아왔다. 짱짱이 말했다. "끝났어. 술로도 해결을 못했으니 아무 방법도 없게 되었어. 할아버지 말씀이 그 노인이 술꾼이라고 했는데, 그렇게 많이 마시고도 승낙하지 않으니 아마 안 될 거 같아." 오는 길에 나는 아무 소리 하지 않고 방법을 생각하고 있었다. 오는 길에는 생각이 나지 않았고, 집에 돌아와서 계속 생각했다. 한밤중이 되어도 생각이 나질 않았다.

이렇게 며칠이 흘렀다. 우리는 더 이상 참을 수가 없어서 다시 포도밭으로 갔다. 노인이 우리를 보더니 정신 무장을 했다. 또 말수를 줄였다. 우리는 그것이 술이 부족하기 때문이라는 걸 알았다. 노인을 아랑곳하지 않고 '얼룩 호랑이'하고만 놀았고, 돌아가며 녀석을 안아 주었다. 녀석은 거의 한 시간 동안 네 발을 땅에 딛지 않았고, 낑낑 대면서 노인을 바라봤다. 노인이 원망했다. "좋아도 이렇게 놀 수는 없는 거지?" 우리는 여전히 손을 놓지 않았다. 노인이 먼 곳을 보면서 수염을 쓰다듬으며 갑자기 물었다. "술을 좀 가져올 수 있니?" 짱짱이 말했다. "네. 하지만 할아버지가 알면 때리실 거예요." 노인이 한 방향을 바라봤다. 그곳은 짱짱 할아버지 정원이었다. 이렇게 한참을 있다가 노인이 말했다. "이렇게 하자. 너희가 술을 가져 오면 '얼룩 호랑이'를 며칠간 안고 가고, 찾아오지 않으면 오지 말거라."

나는 짱짱을 보면서 마음속으로 말했다. "얼마나 교활한지, 이 한 수가 정말 절묘하네!" 짱짱은 이마를 찌푸리면서 울상을 지었다. "할아버진 정말 우리더러 도둑질 하라는 거네요!"

노인은 약간의 미소를 지었다. "그건 내가 관여하지 않겠다."

나와 짱짱은 포도대 밑에 가서 잠시 상의하다가 노인에게 돌아와서 한 가지 조건을 내놨다. 만약 우리가 술을 가져오면 '얼룩 호랑이'는 오랜 시간 우리와 함께 있을 수 있기로 한다는 것이었다. 그는 아무 소리가 없었다. 내가 말했다. "빨리 대답하세요. 할아버지는 쑹쑹이 있잖아요."

노인은 잠시 주저하더니 이를 악물고 말했다. "그럼 그렇게 하자! 아이고, 아이고, 아이고!" 노인은 배가 아픈 듯이 흥얼거렸다.

이어서 짱짱의 차례였다. 하루하루 지나가고 한 주일이 지나서 짱짱이 두 손을 등 뒤로 하고서 엄숙한 표정으로 왔는데, 나는 그 이유를 알았다. 정말 그가 몸을 돌리니 뒤에 있는 손에 술이 든 조롱박이 있었다.

정말 대단한 일이었다.

포도밭에서의 교환은 어쨌든 순조로웠다. 노인이 술을 받고 나서 '얼룩 호랑이'를 우리에게 건네 주었다. 그는 눈물을 닦으면서 조롱박을 입에 대고 한 모금 마시고는 말했다. "너희 둘은 녀석에게 조금이라도 잘해주지 않으면 벼락을 맞을 줄 알아." 나는 놀라서 혀를 내밀었다. 짱짱이 말했다. "네, 벼락을 맞을게요."

우리는 그 순간 조금도 지체하지 않고 '얼룩 호랑이'를 안고 뛰었다. 우리는 바람처럼 숲을 가로질렀고, 헐떡거리면서 마당으로 뛰어들었다. 집에 들어오자마자 소리를 질렀다. 외할머니가 깜짝 놀라서 방에서 나오셨다. 외할머니가 내 품속에 있는 녀석을 보자 입을 다물지 못하셨다. 외할머니는 녀석을 쓰다듬으며 이마에 뽀뽀를 해주시면서 말씀하셨다. "세상에, 난 이렇게 멋진 녀석을 본 적이 없다. 전혀 없었어." '얼룩 호랑이'는 바닥에 내려놓아졌다. 정말 이상했던 것은 녀석은 이곳에 대해 전혀 낯설어하지 않았다는 점이었다. 녀석은 한 바퀴 돌더니 곧바로 외할머니 앞으로 걸어가서 얼굴을 들고 쳐다보면서 꼬리를 살랑살랑 흔들었다.

밤에 우리는 녀석을 구들 위에 올려 놓아서 머리맡에 눕도록 했다.

외할머니 손은 줄곧 녀석의 몸을 쓰다듬고 계셨다. 아마 한밤중이었을 것이다. 우리는 모두 잠이 들지를 못했다. 외할머니는 몸을 뒤척이더니 낮게 말씀하셨다. "애야, 너 또 잘못을 했구나."

다른 방법이 없다

　노을빛 속에서 외할머니는 마당을 쓸고 계셨다. '얼룩 호랑이'는 근처에서 뒤뚱거리면서 걷고 있었다. 외할머니는 곧바로 안아주셨다. 외할머니는 녀석의 눈을 보셨다. 나와 짱짱이 그랬던 것처럼 녀석의 코에 가까이 대고 길게 숨을 들이마셨다. "정말 냄새가 좋구나." 외할머니는 한동안 녀석을 응시하시더니 쓰다듬고 바닥에 내려놓으셨다. 그리고는 중얼거리셨다. "넌 얼룩이로구나. 우리 집에서 달릴 수 있는 꽃이야!" 녀석은 외할머니를 빤히 바라보면서 오랜 동안 미동도 하지 않았다. 마지막으로 외할머니는 그 천진한 모습에 웃으셨다. 아무 것도 고려하지 않고 녀석을 다시 품속에 안으시고는 흔들면서 눈을 가늘게 뜨셨다. "정말 어쩔 도리가 없구나, 착한 것!" 외할머니 목소리는 갈수록 작아졌다. 결국은 아무 소리도 나지 않았고, 오랫동안 눈을 감으셨다.

　나는 외할머니가 무슨 말을 할까 두려웠고, 받아들일 수 없는 결정을 할까 두려웠다. 나는 외할머니가 무슨 생각을 하고 있는지 알고 있었다. 외할머니는 언제나 오소리를 생각하셨다. 밤에도 잠을 못 자고 일어나 앉아 창밖에 별이 뜬 하늘을 바라보면서 말씀하셨다. "우리 자신도 보호하지 못하면서 어떻게 너를 거둬 기른다고! 안 되지, 안돼!"

'얼룩 호랑이'는 한쪽에서 놀고 있었는데, 외할머니는 나를 방안으로 끌어들이셨다.

외할머니는 '얼룩 호랑이'에 관하여, 포도밭과 그 노인에 관하여 시시콜콜 알게 되셨다. 외할머니는 더 이상 다른 말씀은 하지 않고, 표정이 어두워졌다. 나는 무서워졌다. 외할머니가 내 손을 잡아끌었다. "애야, 우리 또 녀석을 며칠 좋아하다가 돌려보내자." 가장 걱정했던 것이 이 말이었다.

나는 외할머니가 결정을 하면 바꾸기 어렵다는 것이 두려웠다. 나는 외할머니에게 내가 눈물 흘리는 것을 보이고 싶지 않아 돌아섰다. 하마터면 나는 소리내어 통곡할 뻔했다. 외할머니는 분명히 며칠을 생각하셔서 오늘 이 결정을 말씀하신 것이었다.

나는 애원했다. "한 주일만 기르게 해주세요. 아니, 열흘이요."

외할머니는 아무런 말씀을 하지 않으시고 마당으로 나가셨다. 아마 마음속으로 인정하신 것 같았다.

나는 시간을 다그치며 '얼룩 호랑이'와 함께 있었다. 일부러 나는 그 녀석을 외할머니와 가깝게 있도록 해서 녀석의 냄새를 외할머니가 맡을 수 있게 했다. 외할머니는 항상 참지 못하고 품에 안으셨고, 얼굴을 마주 대셨다. 이때 외할머니 표정은 엄숙했다. 녀석의 맑은 호수같은 눈에서 무언가가 번

쩍이면서 갑자기 두 발을 앞으로 들어올리며 단숨에 외할머니 목을 안았다. 외할머니는 눈을 가늘게 뜨고 몇 분을 서 계셨다. 외할머니는 녀석과 함께 흔들거리면서 눈을 가늘게 뜨셨다.

열흘이 다가왔다. 녀석을 보낼 날짜를 생각하니 이 마당이 너무 허전했다. 짱짱이 매일 찾아왔고, 나에게 이런 말을 했다. 포도밭의 노인이 술만 마시면 다른 걸 모두 잊어버리니 이 꼬맹이는 거의 우리 거라는 말이었다. 나는 외할머니의 결정을 말하지 않았다. 그저 녀석을 쳐다보기만 했다. 녀석은 간혹 정신이 나간 듯이 북동 방향을 향해 몇걸음 걸어가다가 멈췄다. 짱짱이 녀석에게 속삭였다. "여기가 너희 집이야. 너 자라면 엄마를 떠나는 거 알지, 맞지?"

9일째 되는 날, 나는 '얼룩 호랑이'와 함께 숲으로 가서 한참을 걸었다. 우리는 예전에 오소리가 지나갔던 노선을 따라 걸었다. 녀석은 때때로 고개를 숙여 냄새를 맡았고, 그리고 나서 얼굴을 들어 나를 쳐다봤다. 나는 그 녀석들의 가장 대단한 능력이 냄새만 맡으면 이곳에서 일어난 이야기를 안다는 것이라는 걸 들은 적이 있었다. 만약 정말 그렇다면 녀석 앞에 사랑스러운 고양이와 사람이 나타날 것이다. 하지만 이 숲에 오고가는 각종 동물과 사람이 너무 많아서 녀석의 마음속에 그렇게 많은 이야기들을 담아낼 수 있을까? 무성한 석남나무 아래에서 나는 또 부서진 풀더미를 보았다. 이미 주인은 없었다. 녀석은 풀더미 곁에 앉아서 냄새를 맡으며 생각에 잠겼고, 표정이 굳어 있었다.

집에 돌아왔을 때는 이미 날이 저문 상태였다. 밥냄새가 마당에 가득했다. '얼룩 호랑이'는 아직 집에 들어서기도 전에 혀를 말면서 종종걸음으로 앞으로 걸어갔다. 녀석은 이미 이곳을 자기 집으로 여기고 있었다. 녀석은 울타리 문을 머리로 열고는 놀라면서 방에서 걸어나오는 사람을 쳐다보았다. 엄마였다. 나는 얼른 뛰어갔다. 엄마는 한 손으로 나를 안아주고, 한 손으로는 가까이 다가온 녀석을 품에 안아 주었다. 녀석은 엄마의 손을 핥았다. 온몸을 뒤틀면서 예전부터 친구였던 것 같았다. 나는 녀석에게 익숙한 일을 하게 했다. 악수, 차렷, 뛰어오르기, 물건 가져오기였다. 엄마는 자기 눈을 믿지 못했다.
"아, 정말 똑똑하구나!"

나는 엄마에게 외할머니의 그 괴로운 결정을 말했다. 엄마는 말이 없었다. 마치 이 일을 진작에 알고 있는 듯했다.

내가 말했다. "나하고 짱짱이 항상 그 포도밭에 데려다 줄 거니까, 우리와 그 노인이 함께 키우는 거라고 생각하고, 허락해 주면 안돼?" 그 이유는 내가 숲에서 생각해낸 것으로, 최후의 방법이기도 했다.

나는 엄마가 날 도와주리라 생각했다. 거듭 내가 말하자 엄마가 말했다. "우리 한 번 해보자."

이날 밤, 달이 밝고 컸다. 우리는 중추절을 지내듯이 마당에 나무 탁자를 내놓았다. '얼룩 호랑이'도 식구들과 마찬가지로 탁자 곁에서 한 자리를 차지하고 똑바로 앉아 있었다. 엄마가 외할머니에게 말했다. "저 녀석 식기는 어딨지?" 외할머니가 말하기도 전에 나는 방 한구석에 있는 도자기 그릇과 자기 접시를 가져와서 녀석의 앞에 놓았다. 엄마는 녀석에게 먹을 걸 주었고 또 다른 그릇에 탕을 더해 주었다. 하지만 녀석은 먹지 않았다. 그 대신 우리가 그릇을 들고 나서야 가볍게 그릇 속에 있는 탕을 핥았다. 녀석이 음식을 먹는 소리는 매우 작았다. 외할머니가 엄마에게 귀엣말을 했다. "정말 철든 애야."

저녁 식사 후에 우리는 방으로 들어갈 생각이 없었다. 엄마는 집에 돌아올 때마다 원예장의 일을 얘기하곤 했다. 그리고 나서 나와 외할머니는 집안 일, 숲속에서의 일을 얘기했다. 엄마는 이때를 틈타서 내 생각을 말해주었다. 포도밭의 노인과 '얼룩 호랑이'를 키우는 게 책임을 반씩 나누는 것이다. 나는 재치를 발휘하여 끼어들었다. "짱짱도 있어요. 세 사람이 함께 하는 거죠."

외할머니는 누구보다 총명했다. 가타부타 말 없이 미소를 지으면서 '얼룩 호랑이'를 바라보셨다. 녀석은 자신의 위치를 벗어나지 않고, 사람처럼 편안하게 앉아서 사람들이 말하는 걸 듣고 있었다. 눈은 말하는 사람에 따라 움직이고 있었다. 녀석과 외할머니가 눈이 마주치자, 그 눈빛은 마침내 외할머니가 견딜 수 없게 되었다. 외할머니는 자리에서 일어나 녀석을 안아 주었다. 예전처럼 턱을 내려 녀석의 이마에 댔다.

엄마는 내 손을 잡고 한쪽으로 가셨다. 엄마는 하늘의 달을 쳐다보면서 말했다. "우리 정말 다른 방법이 없다. 없어."

푸른 산

나와 '얼룩 호랑이'가 붙어 다니는 날들이 시작되었다. "너희 둘 어디 가는 거냐?" "너희 둘 밥 먹어라!"

이것은 외할머니가 입에 달고 사는 말이다. 외할머니는 언제나 우리를 함께 묶어서 말씀하셨다. 사실상 그랬다. 우리가 함께 있는 시간이 너무 길었기 때문이었다. 낮에 함께 놀고, 생활하는 것을 제외하고 밤에 또 함께 잠을 잤다. 오소리 때와 마찬가지였다. 외할머니는 녀석에 대해 매우 아껴 주시면서도 융통성이 없었다. 항상 말하는 것은 "고양이는 구들에서 살고, 개는 땅에서 산다"는 것이었다. 그 의미는 개는 구들에서 잠을 잘 수 없다는 것이었다. 하지만 외할머니는 그렇게 말씀은 하셨지만 녀석이 구들에서 꼬물거리게 하셨고, 나와 함께 쓰다듬어 주셨으며, 또 과거처럼 옛날 얘기를 해주셨다. 외할머니는 자기가 여전히 규정에 따라 일을 처리하는 사람이라는 것을 나타내기 위해서 한 마디를 덧붙이셨다. "녀석은 아직 어려. 자라면 내려가서 자도록 해."

밤이 재미있게 변했다. 명절 같이 변했다. 외할머니의 옛날 얘기가 있어서 모든 것이 다 있었기 때문이었다. 어떤 얘기는 조금 중복되는 것도 있었다. 나는 이런 중복이 필수적인 거라 생각했다. 왜냐하면 외할머니는 막 온 '얼룩 호랑이'를 고려해야 했기 때문이라는 걸 알고 있었다. 녀석은 매우 집중해서 들었다. 지겹거나 정신 나간 표정이 없었다. 언제나 조용히 듣고 있었다. 내가 만약 익숙한 부분을 들으면 미리 다음 스토리를 알 수 있었고, 그때 나는 녀석의 표정을 봤다. 그러면 눈동자도 안 움직이고 머리를 약간 앞으로 내민 스토리 매니아를 보게 된다. 녀석은 신나는 곳에서는 머리를 갸우뚱거리면서 박수만 치지 않을 뿐이었다. 나는 어쩔 수 없이 외할머니에게 낮은 목소리로 물었다. "설마 녀석이 진짜 알아듣는 건 아니죠?" 외할머니는 되물으셨다. "너 정말 알아들은 거니?" 내 얼굴이 화끈거렸다.

외할머니는 여전히 곳곳에서 외할아버지를 말씀하셨다. 그 남자는 나를 황홀하게 했다. 나는 이 사람이 나에 대해 매우 중요하다는 걸 안다. 그가 없으면 나도 없다. 이것이 내가 나에 대해 중요한가 여부를 판단하는 간단한 방법이다. 이 사람의 존재가 나의 존재를 결정할 수 있는지를 추론해 보는 것이다. 이렇게 추산해 보면 많은 가족들이 너무 소중하다는 것을 발견할 수 있다.

외할아버지는 순결하면서도 굳건한 남자였다. 비할 데 없이 출중한 남자이기도 했다. 외할머니가 사랑하는 남자는 분명히 출중한 남자일 것이다. 그는 용감하고, 정직하며 신앙이 있었다. 가장 나를 매혹시킨 한 가지 일이 있었다. 그는 동물을 매우 좋아하고 사랑하였다. 그는 각종 동물을 좋아했다. 외할머니는 조산한 어린 양을 말씀하셨다. 외할아버지가 당시 매우 초조한 날들을 보내고 있었다. 그가 막 전선에서 적에 맞서는 전사들을 위해 총을 준비하고 있었기 때문이었다. 하지만 그럼에도 그는 직접 어린 양을 먹이고 있었고, 녀석이 얼까 봐 걱정하면서 밤에 어린 양을 이불속에 안아다 재웠다.

여기까지 듣고 내가 얼굴을 돌리자 '얼룩 호랑이'의 반짝이는 눈이 보였다. 나는 녀석에게 가까이 다가가서 외할머니께 청했다. "나 뽀뽀하고 싶어요." 외할머니는 즉시 몸을 돌려 손을 뻗어 나와 녀석의 사이를 가로막았다. "안돼!" "왜요?" 외할머니의 손은 여전히 막은 상태였다. "네 할아버지가 그렇게 녀석들을 사랑하셨지만 입을 대고 뽀뽀하신 적은 없어. 외할아버지는 의사야. 이치를 알고 계셨던 거지. 녀석들과 인간의 구강 세균 군락은 달라서 뽀뽀를 하면 목이 아플 수 있어."
"녀석의 조그만 입은 얼마나 깨끗한데요!" 나는 조금도 믿어지지 않았다. "그건 별개란다. 얘야, 내가 예전에 말했었지만, 안돼."

'안돼'라는 말은 외할머니에게는 익숙한 말이다. 그것은 절대적인 부정이었다. 나는 포기할 수밖에 없었다. 하지만 나는 안타까웠다. 나는 스스로 생각을 해보고 이유를 찾아보았다. 그리곤 말했다. "고양이는 개의 입과 마찬가지로 작게 닫고 크게 벌려요. 내가 뽀뽀할 수 없어요." 하지만 내가 외할머니에게 말하고 싶지 않은 것은 비밀리에 이전의 오소리든지 지금의 '얼룩 호랑이'든지 모두 내 얼굴에 뽀뽀한 적이 있었다는 사실이다. 만약 마침 예사롭지 않은 시간에 기습적으로 뽀뽀를 해서 나를 눈물짓게 한다면 내가 아빠를 생각하고 있을 때였다.

하지만 우리는 정말 입을 대고 뽀뽀한 적은 없었다. 외할머니가 언제나 '안돼'라고 말했기 때문이다.

낮에 녀석과 함께 숲으로 갔다. 녀석이 같이 갔기 때문에 나는 200미터 밖까지 갔다. 숲 사이의 풀밭에서 태양이 녀석을 반짝거릴 정도로 비추고 있었다. 녀석은 얼굴을 들고 눈을 가늘게 뜬 채로 있었는데, 정말 견딜 수 없을 정도였다. 내가 가까이 다가가자, 녀석의 촉촉하게 젖은 코와 입은 내 뺨에 새겨졌다. 나는 다급하게 말했다. "안돼."

우린 달리기를 했다. 녀석은 뜻밖에도 망아지처럼 껑충껑충 뛰었다. 두 귀는 뒤로 바짝 붙었고, 쏴악 앞으로 돌진했다. 나는 또 녀석과 나무 오르기를 했다. 이번에 녀석은 자신의 패배를 스스로 인정하고 앉아서 내가 버드나무 위로 올라가는 것을 지켜보았다. 녀석은 아래에서 소리를 내서 불렀다. 나는 멀리 있는 푸른 산에 매혹되었다. 그것은 아빠의 산이었다.

나는 아빠가 다시 돌아오는 날을 상상했다. 분명히 겨울일 것이다.

서리나 눈을 밟고 아빠는 걷고 또 걸어서, 이틀을 걷고 다시 반나절을 걸어서 마당에 발을 들여놓을 수 있을 것이다. 아빠의 눈에 처음 들어오는 것은 '얼룩 호랑이'다. 마치 오소리를 보셨을 때와 마찬가지다. 아빠는 녀석을 안고, 녀석의 뜨거운 몸으로 자신을 따뜻하게 하실 것이다. 나는 최대한 아빠와 녀석이 친해졌으면 한다.

비 온 뒤 버섯 따기

늦여름 비 온 뒤 하루가 지나서 좋은 햇살이 나니 버섯을 따야 할 때가 되었다. 외할머니는 나에게 집을 보라 하시고, 두건을 쓴 채 바구니를 들고 숲으로 가셨다. 외할머니가 가려는 것은 200걸음보다도 멀었다. 외할머니는 아무 것도 무서워하지 않으셨고, 길을 잃지도 않기 때문이었다. 이 분야에서 외할머니는 라오광보다 나으셨다. 담력이 사냥꾼들과 비슷하셔서 혼자서도 숲을 다니실 수 있었다. 외할머니의 마음속에 담고 있는 얘기가 많은데, 그 중 태반은 직접 경험한 것들이다. 나에게 몇 마디 당부를 하시고는 집을 나서셨다. '얼룩 호랑이'는 마당 중간에 서서 나를 보다가 외할머니를 보고는 앞발을 계속 움직였다. 내가 말했다. "너도 가. 지켜드려야지." 녀석은 알아듣고는 신이 나서 펄쩍 뛰었다.

외할머니는 녀석을 데리고 떠나셨다. 나는 문앞에서 지켜보면서 따라가지 못해 아쉬었다. 어쩔 수 없이 집에 남아 있어야 했다.

집 밖에서 새 지저귀는 소리가 들려왔다. 이렇게 많은 새 소리는 처음 듣는 것 같았다. 정말 각양각색이었다. 나는 새들이 크고 작고, 여러 색깔이고, 숲에서 즐겁게 논다는 걸 알고 있다. 예전에 내가 짱짱에게 물어본 적이 있었다. 숲에 어떤 새가 가장 높이 나는지 알아? 그가 대답했다. 참새야. 나는 틀렸다고 했다. 매야. 나는 또 어떤 새가 가장 크냐고 물었다. 짱짱의 답은 꿩이었다. 나는 틀렸다고 하면서 황새라고 말해 주었다. 나는 이 새를 본 적이 있었다. 그 새는 북쪽 지방에서 이곳을 지나다가 도랑가에 앉았는데, 나보다도 더 컸다. 나는 또 큰 날개를 가진 붉은색과 흰색 새를 본 적이 있는데, 전설 속의 봉황이라고 생각하고는 다급하게 집으로 돌아와서 외할머니께 말씀드렸다. 외할머니 말씀은 '긴꼬리딱새'라고 하셨다. "네 외할머니보다 많이 아는 사람은 없단다." 엄마는 이렇게 말씀하셨다. 외할머니는 지식도 많고, 옛날 얘기도 많고, 숲에서 무수한 놀라움과 기쁨을 가져다 줄 수도 있으셨다. 외할머니가 찾아낸 과일, 꿀, 매끄러운 조개껍데기는 사람들을 기뻐서 펄쩍 뛰게 했다. 때때로 외할머니는 털이 보송보송한 병아리보다도 작은 메추라기와 달걀보다 작은 고슴도치를 갖고 오셨다. 살아 있는 이 조그만 동물들은 내가 모든 것을 잊게 만들었다. 잠을 자고 싶지도 않았다. 아쉽게도 외할머니는 그것들을 좀 클 때까지 키운 다음에 숲으로 돌려보내셨다.

 단 한 번은 예외였다. 외할머니가 솜털이 난 작은 참새 한 마리를 가지고 집으로 오셔서 조금 클 때까지 키운 다음에 우리가 과거처럼 숲으로 돌려보내려 하자 녀석은 아무리 해도 응하지 않고 다시 돌아왔다. 그래서 이 참새는 마당에서 줄곧 2년여를 드나들었고, 그리고 나서야 날아갔다.

나는 새들이 지저귀는 소리를 들으면서 몇 가지 일을 생각하고 있었는데, 갑자기 총소리가 들렸다. 일어나서 문밖으로 뛰쳐나갔다. 총성이 또 두 번 연이어졌다. 북쪽 멀지 않은 곳이었다. 나는 곧바로 외할머니와 그 곁에 있는 '얼룩 호랑이'가 생각났다. 사냥꾼이 온 건가? 하지만 그들은 가을에만 숲으로 온다. 나는 총소리 나는 쪽으로 뛰어가 볼까 생각하다가 그렇다고 집을 내버려 둘 수는 없었다. 잠시 주저하다가 결국 집에서 기다릴 수는 없었다.

방문과 울타리 문을 잠근 후에 북쪽으로 뛰어갔다. 더 이상 총소리는 들리지 않았다. 땅 위에는 정말 버섯이 있었다. 하지만 나는 그것을 딸 생각이 없었다. 외할머니가 따려는 것은 가장 통통한 송이버섯이나 버들버섯이었다. 늙은 오소리 한 마리가 느릿느릿 앞에 있는 물억새 쪽에서 걸어왔다. 내가 소리를 지르자 녀석은 걸음을 멈추고, 한 눈을 감고는 쳐다보았다. 그리고 나서 느긋하게 앞으로 걸어갔다. 갈색 산토끼가 하얀 꼬리를 흔들면서 쏜살같이 먼 곳으로 뛰었다. 상수리나무 위에서 나는 졸고 있는 부엉이를 보았다. 녀석의 은회색 얼굴이 정말 예뻤다. 나는 이때 녀석이 약간은 멍청해진다는 걸 알았지만 잡을 생각은 없었다. 난 녀석의 생김새가 좋아서 이번에 가까이서 잠시 본 것이었다.

나는 외할머니가 어디로 가셨는지 몰랐다. 꿩 울음소리가 마치 부르는 듯했다. 나는 그저 모르는 사이에 녀석의 울음소리를 맞으면서 걸어갔다. 이전에 여러 차례, 나는 짱짱과 테스트해본 적이 있다. 이렇게 목적 없이 걸어가다 보면 뜻하지 않은 행운을 만날 수도 있는 것이다. 예를 들어 우리가 이런 방법으로 포도, 붉은색 과일을 찾아낸 적도 있었고, 또 본 적 없는 큰 새도 본 적이 있었다. 꿩이 울었다. "꿩! 꿩!" 우리는 그것을 듣고 목이 말랐다. 계속해서 야생 과일을 따서 먹었다. 그래서 매번 숲에서 나올 때마다 입은 자색으로 물들어 있었다.

이렇게 한참을 걸었는데도 꿩 우는 소리가 멀리 들렸다. 이건 그 녀석들의 마법이었다. 나는 거기에 대고 소리쳤다. "꿩! 꿩!" 소리를 지르는데 갑자기 앞에 있던 관목이 흔들리면서 '얼룩 호랑이'가 뛰어나왔다. 녀석은 날 듯이 뛰쳐나왔다. 그러더니 나에게 달려들어 내 허리를 꼭 안았다. 녀석은 계속해서 나 얼굴에 뽀뽀를 해댔다. 나는 피했지만 입은 녀석에게 부딪혔다. 녀석은 가까스로 안정을 되찾고는 돌아서서 앞으로 길을 안내했다. 조금 멀리 뛰어갔다가 다시 돌아와서 뛰면서 소리를 질렀다.

외할머니의 두건이 나뭇가지 사이로 언뜻언뜻 보였다. 외할머니 손에 든 바구니는 버섯으로 가득 찼다. 모두 황금색이었다. 나는 멀리서 소리쳤다. "총소리를 들었어요!" 외할머니는 북동 방향을 보시더니 손을 뻗어 가리키셨다. 나는 살금살금 걸어갔다.

알고 보니 그때가 외할머니와 '얼룩 호랑이'가 고개를 숙이고 버섯을 따고 있을 때였다. "녀석도 일 잘 한다." 외할머니가 말씀하셨다. "언제나 나보다 먼저 버섯을 발견하고 앞에 서서 나를 기다려. 때로는 물고 오기도 해." 외할머니는 녀석을 쓰다듬으면서 말씀하셨다. "따고 있는데, 저쪽에서 몇 사람이 튀어나왔단다. 엽총을 매고 있었어. 그 사람들은 총으로 나를 겨누고 녀석을 겨눴단다. 내가 급하게 녀석을 보호해 주었지." 외할머니는 말씀하시면서 숨을 몰아쉬셨다.

"왜 그런 거예요?" 나는 다급해졌다. "그 사람들은 아마 '검은 악령' 패거리들인 것 같구나. 좋았던 숲이 그 놈들로 인해 엉망이 됐어. 그 놈들은 사람들에게 욕하고, 또 내 버섯을 땅에 쏟았단다. 그리고는 내게 뭘 못 봤냐고 묻더구나. 나는 버섯을 봤다고 말했지. 그 놈들은 버섯을 발로 짓밟고 손을 들어 사람을 때리지는 않았어. 그때 그 가운데 하나가 손가락으로 하늘을 가리켰는데, 거기에 하얀 게 날아가고 있었어. 그러자 그 놈들은 그곳을 향해 뛰어갔어. 그 놈들은 줄곧 하늘에 총질을 해댔단다."

나는 멍해졌다. '얼룩 호랑이'가 외할머니를 보고 또 나를 봤다. 녀석은 분명히 놀랐을 것이다. 내가 말했다. "아마 그 사람들 요괴를 만난 걸까요?" "그 놈들은 못된 짓을 하는 놈들이란다. 그리고 요괴보다 더 나쁘단다." 외할머니는 옷깃을 여미면서 얼굴을 닦으시고는 집으로 돌아갈 준비를 했다.

명령

그 이후로 외할머니는 더 이상 숲으로 버섯을 따러 가지 않으셨다. 우리 집 주변에도 버섯이 있었다. 하지만 깊은 숲속처럼 그렇게 많지는 않았다. 예전에 우리는 버섯을 많이 따서 말린 다음에 라오광에게 주었다. 그는 마을로 가서 팔았고, 다시 우리에게 일용품을 보내주곤 했었다.

날이 서늘해지기 시작했다. 가을이 다가오고 있었다. 얼마나 좋은 계절인가. 외할머니는 나와 '얼룩 호랑이'가 숲으로 가는 걸 말리셨다. 야생과일이 모두 익었고, 야생동물들도 우리를 기다리고 있었다. 그 녀석들은 이미 나와 '얼룩 호랑이'를 알고 있었다. 때때로 우리가 나무 아래에서 놀고 있으면 큰 새가 일부러 상수리를 떨어뜨려 우리 머리를 맞추기도 했다. 정말 아팠다. 이 가을은 그 총 쏘는 사람들 때문에 망치게 생겼다. 라오광이 몇 번 찾아왔다. 그는 놀랄만한 소식을 갖고 왔다. "아주머니" 하고 부르고 나서 해변에서 일어났던 일을 말해 주었다. "'검은 악령'과 물고기 잡는 사람이 치고받고 싸워서 어물가게를 하던 노인네가 싸움을 말리다가 '검은 악령'에게 맞아 갈비뼈가 부러졌어요. 그 총 든 놈들이 내내 소리를 지르고 때렸어요!"

라오광이 이 말을 할 때, 외할머니는 나와 '얼룩 호랑이'를 그 자리에서 벗어나게 하면서 말씀하셨다. "가거라, 어린 아이는 가서 놀아야지." 하지만 나는 적지 않게 들은 상태였다. 내가 가장 미웠던 것은 작고 검은 흉악한 놈이었다. 죽이고 싶을 정도로 미웠다. 나는 항상 그가 총으로 외할머니를 겨누는 모습을 떠올렸다.

라오광이 떠나고 하루가 지나서 짱짱 할아버지가 갑자기 온몸에 땀이 흥건한 채로 우리 집 마당으로 뛰어 들어왔다. 그 할아버지는 여태까지 우리 집에 온 적이 없었다. 분명히 무슨 큰 일이 난 것이었다. 정말 그 할아버지가 하는 말은 우리를 놀라게 했다. 외할머니의 벌어진 입은 오랫동안 다물어지지 않았다. 약간 멍해지신 것 같았다. 짱짱 할아버지는 방금 했던 말을 다시 할 수밖에 없었다. 상부에서 전해져 내려온 것은 개 잡는 명령을 통일하여 3일 내에 모든 개들을 처리하고, 다른 사람이 손을 쓰지 않으면 '검은 악령' 일파가 남쪽 마을부터 손을 쓰기 시작한다는 것이었다.

 나는 머리가 멍해졌다. 외할머니의 목소리가 떨렸다. "그럼, 마당의 개, 그리고 포도밭에 있는 그 개는 어떻게 하지?" "그건 작업견이에요. 작업장 당 한 마리씩만 남긴다네요."

 외할머니는 바닥에 앉으셨다. 짱짱 할아버지가 끌어당기려 했지만 일어나지 않으셨다. 우리는 함께 외할머니를 부축했다. '얼룩 호랑이'는 외할머니 품에 안겨 꼼짝도 하지 않았다. 짱짱 할아버지는 녀석을 뚫어지게 보고는 등을 돌렸다. 내 머리는 계속 멍 했다. 마치 숲속이 온통 울음소리로 뒤덮힌 듯했다. 자세히 들어보니 또 사라졌다. "어떻게 하지? 어떻게 한담?" 외할머니는 고개를 숙이고 계속 말을 반복하셨다.

 어둠이 내리고 짱짱 할아버지는 언제인지 떠나셨다. 방안에는 아무런 목소리도 들리지 않았다. 우리는 모두 말이 없었고, 밥하는 것과 먹는 것도 잊고 있었다. "어쩌지?" 이 말이 내 마음속에 들어와서 그곳에서 계속 외치고 있었다. 밤이 깊어 갔다. 누군가 문을 밀고 들어왔는데, 다름 아닌 포도밭 노인이었다. 그가 다급하게 전해 준 것도 같은 소식이었다. "'검은 악령'이 사람과 말을 풀었으니 이틀이면 다 끝날 거예요. 원예장과 포도밭도 편지를 받았는데, 하나도 남기지 않는다네요." 말을 하면서 그는 고개를 세게 끄덕였다. "임업장의 부소장은 군에 다녀온 사람인데, 그는 황구 두 마리를 키웠어요. 누군가 그에게 한 마리를 없애라고 하니까 그 사람이 말했어요. 누가 그 아이들을 건드리기만 하면 박살을 내버릴 테다! 그는 말대로 하는 사람으로, 어릴 때 전쟁터에도 갔던 사람이에요."

나는 그 사람에 대해 가장 크게 탄복했다. 노인과 외할머니는 각종 방법을 상의하였다. '얼룩 호랑이'를 외지로 보내거나 숨기거나 사람을 찾아가 사정하는 것 등이었다. 여러 가지 방법을 생각해 봤지만 결국 전부 소용이 없었다. 나는 울음을 터뜨렸다. 외할머니는 즉시 한 소리 하셨다. "그쳐라!" 나는 즉시 그쳤다. 외할머니는 여태까지 그렇게 매서운 적이 없었다. '얼룩 호랑이'는 외할머니 다리 쪽에 엎드려 있었다. 밤이 갈수록 깊어지면서 새벽이 밝아왔다. 노인은 방안에서 왔다갔다 하다가 천천히 돌아서면서 말했다. "아주머니, 제게 생각이 있어요. 아마 이치에 맞지는 않을 겁니다. 보세요. 녀석을 데리고 하서로 가는 거예요. 누군가 녀석을 보면 마음이 약해질 거예요! 그 소장이 만약 거둬준다면 누가 감히 녀석을 건드릴 수 있을까요?"

나는 펄쩍 뛰었다. 외할머니는 고개를 숙이고 '얼룩 호랑이'를 끌어 안았다. 방안이 놀랄만큼 조용했다. 날이 밝아왔다. 노인은 여전히 방에서 계속 걸어다녔다. 외할머니는 머리에 두건을 쓰기 시작했다. 또 '얼룩 호랑이'에게 매어줄 끈을 찾았다. 하서로 가려는 것이었다. 먼 길을 가려는 것이었고, 우리도 멀리 가는 건 두렵지 않았다. 외할머니는 나를 돌아보셨다. 아마도 나를 집에 남겨 놓으시려는 것 같았다. 하지만 나는 함께 가야 했다. 외할머니는 아무 말씀이 없으셨다. 그렇다. 이때 집은 별 중요하지 않게 되었다.

우리가 막 방에서 나오는데, 울타리문이 벌컥 하고 열렸다. 두 남자가 들어왔다. 한 사람은 몽둥이를 들고 있었고, 또 한 사람은 엽총을 들고 있었다. '검은 악령' 패거리였다.

몽둥이를 든 사람은 아무도 보지 않고 '얼룩 호랑이'를 가리키며 외할머니에게 소리를 질렀다. "들었나? 이건 명령이야!" 외할머니는 몸으로 벌벌 떨고 있는 '얼룩 호랑이'를 막아서며 소리를 지르셨다. 나는 외할머니가 무슨 소리를 지르시는 건지 분명하게 듣지 못했다. 다만 피가 머리끝까지 솟구치며 몸을 돌려 '얼룩 호랑이'를 보호하고 계셨다. 다른 한 사람은 총 끝을 겨누고 이를 바득바득 갈면서 나와 외할머니 사이를 빙빙 돌았다. 그리고는 총 쏠 기회만 보고 있었다. 외할머니가 아예 온몸으로 '얼룩 호랑이'를 덮었다. 조금도 떨리지 않는 목소리로 그들을 쳐다보면서 말씀하셨다. "그래, 너희들 나하고 외손자 함께 죽여라."

노인이 펄쩍 뛰면서 두 사람과 우리 사이를 막아 나섰다. 계속 손을 저으면서 알아듣지 못할 말들을 했다. 그 두 사람은 뒤로 물러났고, 손을 쓸 방법이 없었다. 총을 겨눴던 사람은 결국 총을 다시 메고는 허리를 졸라매면서 말했다. "일시적으로는 피할 수 있지만 결국 피하지 못할 거야. 머리는 알고 있어. 당신들 스스로 처리할 수 있게 할 거야." 말을 마치고 손짓을 했다. "가자!"

하서河西로 가다

우리는 집을 나섰다. 외할머니가 '얼룩 호랑이'를 안고 비틀비틀 걸었다. 뒤의 울타리문은 잠그지 않았다. 모든 것은 안중에 없었다. 포도밭 노인은 우리를 데리고 함께 걷다가 임업장 방향을 가리키고 나서 급하게 돌아갔다. 그는 쌩쌩이 안심되지 않았다. 날이 아직 밝아오지 않았다. 관목과 칡나무가 몇 번 우리를 휘감았다. '얼룩 호랑이'의 눈이 밤에 반짝였다. 녀석이 하늘의 별을 바라보는 것이 눈물이 그렁그렁한 것 같았다. 외할머니는 아무 말 하지 않고 다급하게 걷기만 하셨다.

날이 밝았다. '얼룩 호랑이'가 외할머니 품에서 몸부림쳤다. 우리 곁을 줄곧 떠나지 않았다. 외할머니는 녀석에게 목줄을 매주시고 끌고 가셨다. 나는 아무 말씀 안 하시는 외할머니를 보면서 가슴이 뛰었다. 임업장은 하서에 있었다. 거기에 가려면 강을 건너야 했다. 하서는 정말 먼 데 있었다.

가는 길에 나는 곧 보게 될 사람을 생각하고 있었다. 큰 황구 두 마리를 키우는 부소장, 그의 위풍당당하고 패기 넘치는 말을 생각하곤 했다. 그는 틀림없이 개를 특별히 좋아하는 사람일 것이다. 그는 틀림없이 '얼룩 호랑이'를 거둬줄 것이다. 정상인이라면 어떻게 녀석을 버릴 수 있을까, 녀석이 '검은 악령' 손에 넘어가는 걸 어떻게 볼 수 있을까? 나는 믿을 수가 없었다.

해가 나무 허리까지 떠올랐다. 우리는 이미 오랜 시간 걸었다. 외할머니는 때때로 해를 보시면서 방향을 잘못 잡으실까 걱정하셨다. 곧바로 서쪽으로 가기만 하면 그 강을 찾을 수 있고, 강을 건너서 임업장을 찾으면 쉬웠다. 나무가 갈수록 높아졌다. 남쪽에서 불어오는 바람이 세진 것 같았다. 습기가 얼굴에 밀려 왔다. 외할머니는 걸음을 멈추고 서서 낮게 말씀하셨다. "들어보렴." 들렸다. 아, 그건 은은한 물 흐르는 소리였다. 나는 뛰었다.

큰 강은 처음 봤다. 그다지 높지 않은 제방에 크고 작은 나무들이 자라 있었다. 제방 안에는 갈대가 빽빽하게 자라나 있었다. 각종 물새가 날고 있었고, 물 안에는 물고기들이 펄떡이고 있었다. 우리는 여기저기 다리를 찾았다. 북쪽으로 조금

가서 다시 남쪽으로 꺾었다. 결국 가까스로 찾아냈다. 좁은 나무 다리였다. 다리를 건너는데 미끄럽고 흔들렸다. '얼룩 호랑이'는 신이 나서 얼굴을 들고 우리를 보고는 몇 번 뛰었다. 강을 건너고 풀을 등에 진 한 노인을 만났다. 외할머니는 다급하게 그에게 임업장을 어떻게 가느냐고 물었다. 노인이 북서쪽을 가리켰다. "저 버드나무 숲을 지나면 바로요. 멀지 않아요."

버드나무 숲을 지나기도 전에 우리는 커다란 마당을 보았다. 전부 붉은 벽돌로 지은 단층집인데, 서쪽 담벼락 뒤로 2층 건물이 있었다. 그것도 붉은 벽돌 집이었다. 마당에는 사람들이 오가는데, 어떤 사람이 '얼룩 호랑이'를 보자 가만히 서서 입을 쩍 벌리고 쳐다본다. 외할머니가 부소장을 찾는다고 말하니 누군가가 말했다. "오, 정루즈鄭櫓子"

외할머니가 그들에게 감사인사를 하면서 2층 건물쪽으로 걸어가셨다. 건물 옆에 있는 단층집에서 우리는 수염이 덥수룩한 눈 큰 남자를 보았다. 4, 50세 정도 되었고, 옷은 조금 후줄근했다. 외할머니가 말씀하셨다. "정 소장님, 안녕하세요!" 그는 미간을 찌푸렸다. "나를 찾나요? 왜요?" 외할머니는 약간 당황한 것 같았다. 애써 자신을 진정하고 처음부터 말을 시작하셨다. "그는 아무 소리도 없었다. 나는 개 짖는 소리를 들었다. '얼룩 호랑이'가 주변을 경계하면서 바라봤다. '정루즈'는 여전히 아무 말이 없이 일어서더니 나갔다. 우리는 급하게 그를 따라 나갔다.

알고 보니 조그만 집은 바로 큰 개집이었다. 안에서 황구 두 마리가 나오더니 우리를 향해 짖었다. 주인은 위협하는 손짓을 했다. 황구들은 즉시 아무 소리 내지 않고는 킁킁 하는 소리를 냈다.

'정루즈'는 쭈그려 앉아서 '얼룩 호랑이'를 보고는 아무 소리 하지 않았다. 외할머니가 말씀하셨다. "부탁드려요. 소장님만 믿습니다." 나도 똑같이 말했다. 하마터면 울 뻔했다. 하지만 이 남자는 계속 긍정적인 답을 하지 않았다. 나는 울었다. 그는 나를 개의치 않았다. 이렇게 30분이 흘렀다. 그가 일어서더니 동시에 덮고 있던 겉옷을 한쪽으로 치웠다. 나와 외할머니는 그의 허리에 있는 권총을 보았다. 스스로 만든 총인 것 같았다. 그는 '얼룩 호랑이'를 매고 있는 줄을 손으로 잡더니 한쪽 말뚝에 매었다. 외할머니는 눈물을 주르륵 흘리셨다. 나는 '정루즈'가 '얼룩 호랑이'를 거둔다는 것을 알았다.

"녀석 말을 할 줄 알면 얼마나 좋게요! 하지만 다 알아들어요!" 외할머니는 말씀하시면서 '정루즈'에게 계속 굽신굽신하셨다. "여기다 두면 돼. 엉!" 그는 허리에 차고 있는 총을 두드리고 난 후에 무시무시한 폭언을 퍼부었다.

총성

우리가 집으로 돌아온 것은 오전 무렵이었다. 집 앞뒤에 몽둥이와 총을 든 사람들이 서 있었다. 그들은 나와 외할머니를 보더니 크게 소리를 질렀다. 옆에서 한 사람이 걸어왔다. 이 사람은 소리없이 걸어왔다. '검은 악령'이었다. 그는 외할머니를 빤히 보면서 말했다. "오늘 안 보이던데, 산속에 있는 그 사람 오게 해서 찾을 수도 있는데, 믿어지나?" 그는 허리를 부여잡고 외할머니보다 더 몸을 작게 하고는 앞니로 아랫입술을 깨물었다.

외할머니는 냉랭한 얼굴로 대답하셨다. "그 사람은 아직 녀석을 본 적도 없다. 우린 방금 숲속에 가서 녀석을 찾아봤어. 너희가 녀석을 놀래켜서 도망가게 한 거야."

'검은 악령'이 한 쪽에 있는 사람에게 소리쳤다. "이렇게 하자! 총도 있고, 몽둥이도 있고, 칼도 있는데, 짐승 한 마리 도망가게 한단 말이야?" 말하면서 손을 뻗어 매섭게 외할머니 이마를 찔렀다. "여기서 기다려!"

그들은 자리를 떴다. 우리는 밖에서 오랫동안 서 있다가 방으로 들어왔다. 집안은 이미 뒤집힌 상태였다. 바닥에는 그릇들이 깨져 있었다. 외할머니 얼굴에 웃음기가 돌았다. 나는 외할머니가 안심하고 있다는 걸 알았다.

이틀 후에 짱짱과 할아버지, 포도밭 노인이 왔다. '정루즈'가 '얼룩 호랑이'를 거뒀다는 걸 알고 그들은 모두 기뻐했다. 그들이 가고 나서 라오광도 왔다. 들어오자마자 표정이 어두웠다.

나는 전후 경과를 말했다. 그제서야 그는 한숨을 쉬었다. 그는 남쪽 마을, 주변에 있는 마을에서 이틀 동안 죽이고들 있다고 욕을 해댔다.

"모두 '검은 악령' 인간들이야, 악독한 것들. 개주인들이 욕하고 꿇어앉아 애원해도 소용없어요. 어떤 집에서는 개를 도망가도록 했어요. 개들은 주인에 대한 미련 때문에 돌아왔죠. 그 결과 잡히고 말았어요. 그 사람들은 길에서 총을 쏘고, 골목 양쪽에서 포위하고 막았어요. 어떤 개들은 쫓겨 숲으로 달아났고, 그 사람들은 숲속으로 쫓아갔어요."

라오광이 가고 나서 하루도 지나지 않아 총을 멘 사람들이 몇 명 찾아왔다. 그들은 찾지 못하고 숲으로 갔다. 이윽고 어디선가 총소리가 들려왔다. 그 총성은 오전부터 오후까지 간간이 들렸다. 늦은 오후가 되자 총소리가 멎었다. 하지만 잠시 후에 갑자기 또 한차례 총소리가 들렸다. 나와 외할머니는 줄곧 마당에 서 있었다.

"누구네 집 개가 숲으로 뛰어갔는지 모르겠네. 개네들과 아이들이 뭐가 다르다고?" 외할머니는 나를 끌어안고는 또 물으셨다. "뭐가 다르니?"

 날이 저물었다. 외할머니는 기도하셨다. "하느님이 저 아이들을 지켜 주세요." 어두워져 새카만 하늘에 별이 떴다. 우리는 집으로 돌아왔다.

 이미 며칠 동안 밥 한끼 제대로 먹지 않고, 되는대로 음식을 좀 먹고는 구들에 올라가 잠을 자려 하는데, 문을 두드리는 소리가 들렸다. 알고 보니 엄마가 다급하게 돌아온 것이었다. 엄마는 들어서자마자 '얼룩 호랑이'를 찾았다. 일의 전말을 알고 나서 엄마는 바닥에 앉더니 말했다. "놀라 죽는 줄 알았네."

 날이 밝자 라오광이 또 왔다. '검은 악령' 무리가 온종일 숲속에 있다고 말해 주었다. "숲이 이렇게 넓은데, 그 녀석들은 도망칠 수 있을 거예요." 외할머니 말씀에 라오광이 고개를 끄덕였다. "'검은 악령'이 화가 나서 사냥꾼들을 많이 불러 왔어요. 그 녀석들은 뿔뿔이 흩어져서 도망쳤는데, 어떤 놈은 바다와 강물 속으로 뛰어들었지요. 그 사냥꾼들도 결말이 좋지는 않을 거예요! 그럴 리가 없어요!" 외할머니가 말씀하였다. "그럴 리 없지!"

 이튿날 정오 무렵이었다. 나와 외할머니가 모터 소리를 들었다. 나가서 보니 어떤 사람이 오토바이를 타고 왔다. 가까이 다가와서 보니 '정루즈' 소장이었다. 내 마음은 울렁거렸다. 외할머니 얼굴은 하얗게 변했다. 그는 오토바이에서 내리자마자 소리를 질렀다. "당신들 개 말야, 안 돌아왔어? 어? 이놈이 집이 그리웠는지 한밤중에 줄을 끊어버렸단 말이오!"

외할머니는 나무를 잡고 힘겹게 말씀하셨다. "언제…라구요?"

"어제 아침에 발견했소, 어제." 그의 손에 끊어진 밧줄이 들려 있었다.

"세상에, 잘 생각해 보시구랴, 녀석이 어제 도망쳤는지 말이오!"

외할머니는 머리를 앞으로 내밀면서 그 잘린 밧줄을 잡았다. 약간은 겁먹은 표정이었다.

소장은 손을 휘저었다. "내가 한밤중에 일어나서 봤을 때 아직 있었소! 분명히 날이 밝은 다음일 거요!"

외할머니는 북쪽을 바라보셨다. 나는 외할머니가 총성이 울리던 시간을 생각하시는 것이라는 걸 알았다. 나도 생각했다. 만약 그때 '얼룩 호랑이'가 이곳으로 돌아왔다면 총소리가 났을 것이고, 시간으로 볼 때 하루가 늦었어!

나는 벌떡 일어섰다. "녀석에게 일이 생겼을 리가 없어. 녀석은 분명히 멀리 도망친 거야!" 외할머니는 대략 계산이 나왔는지 연신 중얼거리셨다. "녀석은 운이 강하고, 은혜도 입어서 아마 이 관문을 잘 넘어갔을 거예요. 우리 여기에서 기다리고 있으면 녀석은 돌아올 겁니다. 한밤중이라도 우리가 소장님께 보내드릴게요! 소장님은 정말 생명을 구해주시는 보살이에요!" 외할머니는 소장에게 깊이 고개를 숙이셨다.

소장은 욕지거리를 하면서 오토바이를 타고는 외할머니에게 말했다. "별거 아니오!" 오토바이가 다다다 소리를 냈다.

외할머니는 그를 눈으로 배웅하면서 모습이 사라지자 생각이 난 듯 눈을 닦았다. 외할머니는 나를 잡아끌고 말씀하셨다. "애야, 잘 기억해. 이게 마지막이다. 우리 앞으로 그 녀석들을 입양할 수는 없어."

나는 고개를 끄덕였다. 눈물이 흘러나왔다. 외할머니가 말씀하셨다. "우리는 그 녀석들을 입양할 수가 없어. 기억해라. 맹세해."

나는 눈물을 닦았다. "맹세해요."

불가항력

'얼룩 호랑이'에 관한 이야기는 아직 끝나지 않았다. 나는 안다. 그 녀석이 우리를 들을 수 있고, 냄새를 맡을 수 있는 한 곳에 숨어 있다는 것을. 나와 외할머니가 밤에 풀이 바람에 흔들리는 소리에 잠이 깨어 고개를 들어보니 녀석이 돌아온 것이 보였다. 온몸에 이슬과 풀잎이 묻은 채로 마당에 서 있었다. 외할머니는 창문 앞에 엎드려 눈을 부볐다. 녀석은 또 보이지 않았다. 낮에 나는 한참을 숲속에 있었는데, 외할머니가 당부하셨다. "가거라. 정말 녀석을 볼 수 있을지도 모르니. 녀석이 대낮에 집에 돌아올 리가 없을 거야."

나중에 나는 임업장에 두 번 갔었다. 소장과 황구 두 마리가 아직 있었다. 그는 나더러 돌아가 외할머니께 말하라고 하였다. 녀석이 어디로 돌아오든 알려 주자는 것이었다. 이 사람은 정말 좋은 사람이었다. 녀석을 좋아하고 걱정해 준다.

그렇게 기다리며 일말의 희망을 품고 있었다. 나는 짱짱 할아버지 포도밭으로 갔다. 그들은 우리와 마찬가지로 걱정하고 있었다. 녀석의 소식은 아직 지금까지도 없다.

나중에 나도 녀석을 거론하고 싶지 않았다. 이 이야기는 결말이 없기 때문이다.

지금 나는 더 말하고 싶지 않다. 왜냐하면 롱롱을 피해야 하기 때문이다. 녀석의 그 총명한 두 눈은 모든 것을 알고 있다.

나는 과거를 추억하며 고개를 가로저었고 식구들에게 한숨을 쉬었다. 내가 말했다. "오소리 이후로 나는 조그만 동물이 많이 있었는데, 결국에는 숲속으로 돌려보냈어. 그건 비교적 쉬운 일이야. 예를 들어 새와 고슴도치 같은 것들이지. '얼룩 호랑이'가 남겨준 교훈은 너무 심각해. 그런 아픔은 참을 수가 없어. 나는 녀석이 무서운 결말을 맞았을 것이라는 사실을 인정할 수가 없어. 하지만 가장 괴로운 것은 결말을 모른다는 거야. 나중에 내가 저지른 잘못, 치명적인 잘못은 맹세를 어겼기 때문이야."

나는 고개를 숙이고 더 이상 말을 하지 않았다. 우리는 한두 번 용서할 수 없는 잘못을 저지른다. 전부 외할머니 앞에서 했던 맹세를 어겼기 때문이었다. 왜 그랬을까? 왜? 일이 터지고 나서 오랫동안, 지금까지도 나는 반복해서 묻고 있다.

한번은 내가 무심코 계약서에 있는 한 마디를 보고 가슴이 철렁 내려앉았다. 그건 특별한 조항이었다. 그 조항은 이렇게 적혀 있었다. "본 계약이 불가항력에 부딪히면 집행을 중지할 수 있다." 나는 한동안 뚫어지게 보다가 다른 계약서를 찾아내어 모든 계약에는 비슷한 규정이 있는 것을 발견하였다. 나는 알게 되었다. 계약이라면 반드시 지켜야 한다. 하지만 그 중 한쪽이 불가항력적인 어떤 요인이 있을 때는 제외라는 것이다. 그렇다. 어쩔 수 없는 그런 때에는 계약 파기를 이해할 수 있다. 나는 낙심하면서 말했다. "나, 우리는 바로 그런 '불가항력'을 만난 거야."

아무런 이의가 없다는 것은 변명도 아니고 자기 용서도 아니다. 정말로 그런 것이다. 당시 포도밭에서 만났던 '얼룩 호랑이'든지 아니면 나중에 실종될 위험이 있음을 잘 알면서도 입양하고 소유하려고 했던 것이다. 그때 우리는 정말 강력한 '힘'을 맞닥뜨렸던 것이다. 그것은 바로 '사랑의 힘'이었다. 그것은 좋아하는 것보다 몇 배나 더 큰지 모른다.

예를 들어 당시 포도밭에서 봤던 그 녀석이 도저히 거부할 수 없게 만들었고, 헤어질 수 없게 만들었다. 이런 '사랑의 힘'은 정말 감당할 수 없을 정도로 커서 일종의 '불가항력'이 되었다.

20여 년 전에 나와 가족들은 마찬가지 이유로 다시 용서할 수 없는 큰 잘못을 저질렀다.

지극히 평범한 일요일 아침이었다. 우리는 일찍 일어나 산 아래 공원에 갔는데, 마침 한 친구를 만났다. 오다 가다 마주친 적이 없었는데, 그가 이사하기 전에 마지막으로 이곳을 지나갔기 때문이었다. 나는 한 눈에 상대방의 기색이 이상하다는 것을 발견하고, 이야기를 나눠보니, 그가 곧바로 떠나려 하다가 '보물' 하나를 데리고 갈 수 없게 되었다는 것이었다. "뭔데?" 내가 물었다. 그는 한숨을 쉬며 손을 비비고는 마른 입술을 오므리고 말했다. "강아지" 알고 보니 그는 오늘 아침에 녀석과 작별하려고 온 것이었다. "너희 그 녀석을 못 봤지, 너희, 됐어. 말 안할래." 그의 눈시울이 붉어졌다

호기심에 이끌려 우리는 그 '보물'을 보고 싶었다. 우리는

함께 갔던 길로 되돌아가 산 아래 집으로 갔다.

집 옆에는 넝쿨식물이 있었고, 무성한 모과나무가 몇 그루 있었다. 마치 산지기가 사는 집 같았다. 방에 들어가자 친구가 왜 그렇게 불렀는지 알 수 있었다. 아, 녀석은 정말 이렇게 생겼구나! 어떤 품종인지는 몰라도 한눈에 빠져들 것 같았다. 아마 모든 동물 가운데 진품과 일등품이 있을 수 있다. 녀석들은 너무 특이하고 완벽했다.

꼬맹이는 온몸이 연회색으로, 두 귀만 갈색이었고, 아주 통통했다. 두 눈은 똑똑한 아이를 떠올리게 했고, 금색 눈썹이나 있었다. 녀석은 한순간도 조용히 있지 않았다. 모든 사람들에게 친근하게 굴었다. 마치 걱정을 다 사용하지 않은 듯했다. 그 순간 나는 녀석에게 정복당했다. 줄곧 눈을 떼지 못했다. 그런 느낌은 드문 일이었다. 만약에 있다면 수십년 전으로 거슬러 올라가야 한다. 바로 처음에 '얼룩 호랑이'를 만나던 순간 말이다.

친구가 오래도록 녀석을 안아 주었다. 그는 이런 방식으로 다시 작별을 고하는 것이다. 바로 그때, 나는 주인에게 말했다. "나, 음, 내가 녀석을 잘 기를 수 있어." 한마디 하자 즉각 식구들의 간절한 호응을 얻었다. 게다가 그녀는 말을 더 많이 했다. 말하면서 한편으로는 눈빛으로 나를 격려하였다. 친구는 곧바로 우리 쪽에 섰다. 또 직접 녀석을 내 품에 안겨 주었다. 그리고 나서 주인에게 간청하기 시작했다.

녀석은 내 품에서 잠시 조용히 있다가 고개를 돌려 보면서 무슨 일이 생긴 건지 알고 싶어 했다. 정말 기적이었다. 녀석은 우리가 보고 있는 그 순간에 조용히 있지 않았는데, 이때 품속에서 미동도 하지 않았다.

녀석은 운명이 걸린 선고를 기다리고 있었다.

친구는 말을 많이 했다. 친구에 대한 믿음에서 나온 것이었다. 주인은 결국 이 '보물'을 우리에게 주었다. 모든 것은 이렇게 빠르게 일어났다. 전체 과정에서, 그리고 앞으로 이어질 긴 시간 속에서 우리는 그 밖의 일들을 더 이상 생각하지 않았다. 단지 행복과 행운, 감동만 있을 뿐이었다.

요컨대, 여전히 '불가항력' 때문에 우리는 다시 모든 것을 잊었다.

샤오라이 小來

"한 조그만 녀석이 집으로 왔다." 집으로 돌아오는 길에 나는 반복적으로 이 말을 중얼거렸다. 정말 그랬다. 우리는 새로운 식구가 생긴 것이었다. 나는 반복적인 이 중얼거림 속에서 두 글자를 뽑아내서 녀석의 이름으로 삼았다. 샤오라이. 이렇게 내가 부르면 그는 멍하니 있다가 잿빛 눈을 약간 움직이다가 머리를 갸우뚱하면서 멍한 모습을 한다.

반나절만에 녀석이 새로운 이름을 기쁘게 받아들였다. 녀석에게 나는 설명해 주었다. "아이는 이름을 가지는 거야. 우리는 모두 그렇게 살아왔단다."

'샤오라이'는 가만히 있을 때 곰인형 같다. 하지만 녀석은 안 움직이기 어려워했다. 마치 처음 만났을 때 그날 아침처럼 하루 종일 놀라울 정도로 활발했다. 이건 기억 속에 있는 모든 동물들과는 다른 것이었다. 나는 항상 그 녀석들의 단순함과 열정에 놀라곤 했다. 때때로 이런 비교 속에서 곤혹스러움에 빠지곤 했다. 서로 다른 생명 간의 차이가 이렇게 크다니, 인간과 동물, 인간과 인간이 이렇게나 다르다니. 이해하기 어려운 것은, 그 녀석들은 몽땅 소모되지 않는 거대한 격정이 도대체 어디에서 오는 것인지, 또 어떻게 끊임없이 터져 나오는 건지 하는 것이다. 우리는 이런 생명의 기적에 대해 예사로운 것으로 본다. 또 전혀 느끼지 못한다. 마치 그 녀석들이 본래 그래야 하는 것처럼 말이다.

나는 그 녀석들과 지내면서 배신이나 상처를 입은 적이 없다. 누군가 그 녀석들이 상처를 입힐 능력이 없다고 생각할 수도 있다. 틀렸다. 그 녀석들의 능력은 상상할 수 없을 정도로 크다. 하지만 그 녀석들의 사전에는 '배신'이란 없다. 이건 아마도 인간의 인지 범위를 벗어난 것일 것이다. 그 녀석들은 설령 놀이를 하고 장난을 칠 때에도 사랑의 경계에 국한된다. 우리는 아마도 한때 할 수 있었지만 그건 어린 시절, 특별한 때에 국한된 것이다. 이것이 바로 인생의 기초이자 시작이며, 그 의미는 건축물과도 같다. 기초가 튼튼할수록 큰 빌딩이 그만큼 높아질 수 있는 것이다.

깊이 사랑하면서도 보답은 바라지 않는다. 사랑은 욕망으로 변해도 매우 좋은 부분이다. 우리는 동물과 함께 지내면서 이런 사심없는 사랑을 누린다. 때로는 우리는 어떤 순간에 깊은 의문에 빠지게 된다. 그 녀석들은 무엇 때문에, 왜, 이렇게 깊게, 시종 변하지 않고 우리를 사랑하는 것일까? 대답은 그 녀석들이 우리에게 의지하고, 먹을 것과 그 밖의 다른 것을 얻어낸다는 것이다. 대답이 여기에서 그치기 어려운 것은 경험 속에서 결코 그렇지 않기 때문이다. 말하자면, 우리에 대한 그 녀석들의 그리움과 사랑은 아무런 실리가 없다는 것이 분명해 보인다. 우리도 마찬가지다. 녀석들의 기색, 형체, 녀석들의 전부를 사랑한다. 이런 사랑은 표현할 수 없는 마음의 필요이다.

이런 절박하고 대체할 수 없는 사랑은 때로 우리 이성을 잃게 한다. 그리고 이성은 언제나 좋은 것만은 아니다. 그것은 우리를 억압하고 강렬한 감정을 버리게 만든다. 그리고 감정의 가치는 항상 무한하다. 우리는 많은 경우에 감정을 위해 희생할 만한 가치가 분명히 있다.

우리는 감정을 위해 희생한 적이 있는가? 기억을 뒤져보아 만약 있다면, 그건 분명히 인생에 대한 가장 큰 위안으로서, 영원히 후회하지 않는 것이다. 깊은 밤에 문밖에서 불안하게 돌아다니는 소리, 웅얼거리는 소리를 들으면 가책이 생기기도 한다. '샤오라이'가 침실에 들어가지 못하고 화가 나거나 조급해하기 때문이다. 하지만 방법이 없다. 녀석이 일단 우리와 한 방에 있으면 우리도 잠을 이루지 못한다. 밤에 녀석을 섭섭하게 만들고 두 곳으로 나눠 잘 수밖에 없다. 어쩔 수 없이 녀석은 오랜 시간 동안 이 사실을 받아들이지 못했다. 이런 밤에 나는 전반생의 그 녀석들에 관한 경험, 모든 이야기를 떠올렸다. 특히 나 자신이 그 녀석들에게 빚진 것이 생각났다. 그래서 잠을 이룰 수 없었다.

나는 외할머니가 '얼룩 호랑이'를 잃어버렸을 당시에 하셨던 말이 떠올랐다.

개를 때려잡으라는 명령을 내린 사람들에게는 그럴듯한 이유가 있었다. '식량 절약'을 위해서라는 것이었다. 외할머니는 밤을 응시하면서 물으셨다. "누구 식량을?" 그리고 답하셨다. "우리들 것." 또 물으셨다. "그 사람들은 정말 식량 때문에 그러는 걸까?" 다시 대답하셨다. "아니!"

나는 외할머니 말씀을 굳게 믿었다. 일생동안 그런 인식을 확립하고 있었다. 사랑이 있는 사람이 많은 식량을 가진다.

잠은 오지 않고 '샤오라이'의 낑낑대는 소리는 갈수록 커졌다. 정말 견딜 수가 없어서 문을 열었다. 녀석은 품에 안겨서 낑낑대면서 내 얼굴에 입을 맞췄다. 녀석이 어떤 행복을 얻었는지 형용할 방법이 없다. 왜냐하면 그 녀석이 스스로 분명하게 말해야 하기 때문이다. 나는 그저 꽉 안아 주면서 마음속으로만 말했다. "왜 그런 거니? 우리가 정말 그렇게 사랑스러운 거니?"

네 번의 경험

이미 오래 되었다. 나는 한밤중에 항상 꿈을 꾸었다. 망아지 한 마리가 산 넘고 물 건너 천신만고를 겪고 뛰고 또 뛰었다. 온몸이 땀범벅이 되어 거의 탈진하여 쓰러질 지경이다. 녀석은 줄곧 달렸다. 알고 보니 그 녀석은 죽음에서 도망치고 있었다. 뒤쫓아오는 악마가 있었다. 얼굴은 불분명한데 흉악하기 짝이 없어 모든 것을 집어삼킨다는 것만 알 뿐이었다.

이 망아지는 뛰고 또 뛰었다. 또 산을 하나 뛰어넘었다. 바짝 마른 한 남자가 산 아래에 서 있다. 그는 피투성이가 된 두 손을 벌려 그 녀석을 안는다. 망아지는 남자 품에 안긴다.

꿈에서 깨어나면 늘 의심으로 가득했다. 결국 그 망아지가 '얼룩 호랑이'임을 인정하게 되었다. 그리고 그 남자는 바로 아버지였다.

나는 스스로 그 이야기의 끝맺음을 찾고 있다는 걸 안다. 일생에 걸친 염려 때문이다. 나는 외할머니도 살아계실 때 나와 마찬가지로 그 결말을 가슴 졸이며 짐작하고 계셨으리라 생각한다. 우리는 모두 다른 가능성에 대해 생각하는 것을 두려워했다. 그건 받아들일 수 없었다.

내가 식구들에게 말했다. "요 수십 년 동안, 나는 네 차례 경험했다." "어떤 걸요?" 나는 목소리를 낮췄다. "개 잡는 명령."

나는 그런 것에 대해 거짓말을 하지 않는다. 물론 정말이다. 생각할 때마다 고통도 따라온다. 나는 이렇게만 말하고 싶었다. 이 명령을 내린 사람은 분명히 저주를 받을 것이다. 이 저주를 그 사람들이 들었나? 깊은 밤, 얼마나 고요한지, 그 사람들은 들어야 할 것이다.

"외할머니가 경험하신 게 더 많으셨겠죠?" "외할머니가 세상을 떠나시기 전에 두 차례 겪으셨어." 나는 말을 잇지 못했다. "그렇게, 외할머니가 왜 나더러 맹세하라고 했는지 알게 되었어." 희미한 어둠 속에서 나는 외할머니의 눈물이 보이는 것 같았다. 나중에 엄마는 외할머니를 회상하면서 숲속에서 들렸던 총소리를 다시 한 번 말했던 기억이 난다. 엄마가 말했다. "다행히 그 무렵에는 없었어. 아마 앞으로도 있을 리가 없어." 그때 나는 고개를 숙이고 가타부타 말하지 않았다. 엄마는 나를 위로하셨다. 엄마는 사실 그렇게 낙관적이지는 않으셨다. 또 그렇게 순진하지도 않으셨다. 엄마가 말하지 않았던 것은, "분명히 또 있을 거야, 하지만 언제인지는 모른다"였다. 엄마는 말하지 않았다.

내가 제일 잊지 못하는 것은 아빠가 다급하게 돌아오신 것이었다. 그때는 이미 '얼룩 호랑이'가 떠난 지 오래 지났을 때였다. 아빠가 산에서 돌아오자 외할머니는 계속 아빠를 속이셨다. 하지만 아빠는 결국 알고 말았고, 어두운 표정으로 말했다. "'검은 악령' 패거리들이 계속 서민들을 괴롭혀 왔는데, 어린 동물들은 서민들만도 못하니, 걔들은 맨주먹에 정말 아무런 도움도 받지 못하는데 말이야. 그것들에 손을 대는 게 가장 잔인하고 비열하며 가장 비겁한 악마들이야!" 아빠는 어두운 밤을 가리키며 두 손을 부르르 떨었다.

외할머니와 아빠가 당시에 했던 말들을 잊을 수가 없지만 잘 이해하지는 못했다. 나중이 되어서야 놀라면서 직접 느낄 수 있었다. 나는 당시에 외할머니가 했던 당부를 잊을 수가 없다. "아빠 말은 집에서 잘 듣고, 입 밖에 내지 말거라."

나는 이 당부를 아버지의 말씀과 함께 마음에 담아 두었고, 단 한 번도 한 적이 없다.

밤이 이미 깊었다. 나는 목소리를 낮췄지만, 문밖에 있던 '샤오라이'가 소리를 들었다. 녀석은 오랫동안 문앞에 누워 있다가 앞발로 가볍게, 리듬감이 분명하게 문을 두드렸다. 나는 아무 소리 내지 않았다. 이렇게 시간이 좀 흘렀다. 마침내 참지 못하고 문을 살짝 열었다. 또 뜨거운 앞발과 축축한 코였다. 나는 녀석을 안을 수 없었다.

너의 웃는 얼굴

'샤오라이'가 오는 바람에 우리 집은 아이들을 가장 잘 끌어들이는 곳으로 변했다. 이웃들이 예쁜 것이 왔다는 걸 알고는, 먼저는 아이들이, 이어서 어른들도 달려왔다. 그들은 직접 보려고 했고, 또 들어와서는 감탄을 했다. 그리고 나서 오랫동안 집에 가려 하지 않았다. '샤오라이'는 으쓱거리는 성격이어서 사람들에 대해 낯가림이 없었고, 경계심은 더더욱 없었다. 녀석과 사람들의 친숙한 모습은 우리와 함께 있는 것과 마찬가지였다.

"웃을 줄도 아네요." 이웃 사람이 말했다. 나는 녀석 사진을 여러 장 찍어서 녀석의 웃는 얼굴을 남겼다.

반년 후에 우리는 거절할 수 없는 임무를 맡게 되어, 얼마간 떠나야 했다. 정확하게 말하자면, 가을 내내 동부에 있는 반도에 있어야 했다. 이 일은 조금은 갑작스러운 것이어서 우리를 좀 난처하게 했다. 만약 그렇게 길지 않은 시간이었다면 '샤오라이'는 이웃집에 맡길 수도 있었다. 하지만 가을 내내 떨어져 있는 것은 녀석을 위해서나 우리를 위해서나 모두 받아들일 수는 없었다.

결국 우리는 녀석을 데리고 가기로 결정했다. 다가오게 될 반도의 가을은 녀석의 동행으로 사람을 흥분시켰다. 우리는 짐을 싸고 이 녀석을 위해 약간의 물건들을 준비했다. 조그만 창이 달린 트렁크가 녀석의 여행 거처였다.

이렇게 평생 잊을 수 없는 가을이 시작되었다. 우리 일은 빠듯하고 순조로웠다. 편리를 위해서 우리는 호텔을 떠나 한 고향분 집으로 들어갔다. 곁채와 마당 절반을 우리가 사용할 수 있었다. '샤오라이'한테는 이건 정말 최고였다. 녀석은 넓은 마당으로 인해 행복감이 배가되었다. 이건 시내의 촉박한 공간에서 오래 지내는 것보다 얼마나 좋은지 모른다. 우리는 온종일 밖에 있을 수 있었다. 고향분이 녀석을 잘 돌봐주기 때문이다. 녀석을 좋아하지 않는 사람은 없었다.

그해 가을 어느 오후였다. 불길한 조짐은 전혀 없었다. 북풍이 조금 세게 불었고, 기온은 떨어졌던 것으로 기억한다. 우리는 나갈 때 방한모가 달린 옷을 입었다. 오후 네 시가 넘은 무렵이었는데, 나는 갑자기 갈증을 느꼈고, 약간 허둥대면서 숄더백에서 보온잔을 꺼내려던 찰나 누군가의 고함 소리를 들었다. 봤더니, 집 주인 할머니였는데, 희끗희끗한 머리가 바람에 흩날리고 있었다. 그 할머니를 보고 나는 겁이 좀 났다.

그 할머니는 숨이 막혀 말을 제대로 잇지 못했다. 그저 손을 뻗어 뒤쪽을 가리키면서 말했다. "빨리, 빨리, 좀 빨리!" 우리는 전부 허둥거렸다. 숄더백을 쥔 채 갔다.

할머니가 함께 가면서 말했고, 우리는 결국 분명하게 알게 되었다. '샤오라이'가 마당 바깥에서 놀다가 오랜 시간 돌아오지 않아 할머니가 찾으러 나갔는데, 녀석이 신나게 뛰면서 놀다가 뭔가를 물고는 할머니에게 가져다 주었다. 할머니는 녀석의 입에 몸부림치고 있는 생쥐 한 마리가 물려 있는 것을 발견했다. 보고는 약을 먹은 쥐라는 걸 금방 알았다. '샤오라이'가 컹컹대면서 그 녀석을 구해달라고 했고, 할머니는 구할 수 없다고 말했다. 하지만 '샤오라이'는 포기하지 않고, 계속에서 몸부림치고 있는 생쥐 주변을 돌면서 짖어댔고, 펄쩍펄쩍 뛰어오르면서 할머니에게 부탁했다. 이렇게 몇 분이 흐르자 '샤오라이'도 증상이 나타났다.

"녀석이 몸을 떨어, 떤다고, 좀 빨리!" 할머니가 외쳤다.

나는 알았다. '샤오라이'가 분명히 그 생쥐를 물었을 때 독약이 묻은 것이었다. 나는 병원이 얼마나 먼지를 물었다. 멀지 않다고 할머니는 말했다. 마을 서쪽에 광산 지역 병원이 있었다.

우리는 내내 뛰어서 마당으로 뛰어 들어갔다. '샤오라이'는 마대 위에 누워 입에서 거품을 토하고 있었다. 우리를 보고는 일어나려고 했다. 하지만 이미 똑바로 설 수 없는 상태였다. 나는 녀석을 품속에 안고는 아무 것도 돌아보지 않고 밖으로 뛰어나갔다. 나는 나 자신과 '샤오라이'에게 말했다. "아무 일 없을 거야, 아무 일도!" 거리의 사람들이 우리를 보고는 어찌 된 일인지를 알고 우르르 따라왔다.

마침내 병원 정문이 보였다. 200여 미터 밖에 떨어져 있지 않았다.

바로 그때, 나는 '샤오라이' 눈빛이 어두워지는 것을 발견했다. 나는 소리쳤다. "다 왔어. 우리 다 왔어!" 녀석의 눈은 좀 커지더니 우리를 봤다. 그리고는 영원히 닫혔다.

'샤오라이'는 그렇게 죽었다. 지금 우리에게는 녀석의 사진만 있다. 영원히 미소 짓는 그 사진 말이다.

마주보기

 60여 년의 경험 속에서 나는 좀 특이한 친구를 잃었다. '샤오라이'는 단지 그 가운데 하나일 뿐이다. 감격과 그리움이 때로 억제하기 어렵고, 녀석들은 마음속에 남아 어떤 때가 되면 머릿속을 스치고 지나간다. 녀석들의 얼굴, 표정 대부분은 미소를 짓고 있다. 얼마나 생생한 이미지인지, 손을 흔들면 하나씩 내 앞으로 달려올 것 같다.

 그 녀석들은 마음속에 힘껏 눌러야 한다.

 만약 누군가 그 녀석들에 대해 묻는다면, 나는 다른 말을 할 것이다. 왜냐하면 그건 일반적인 과거사가 아니고 일일이 열거할 수 없기 때문이다. 괴롭기도 하고 미안한 마음도 크다. 그런 것들이 나를 압박하고 있어서 얘기를 꺼내기 힘들고 말할 수도 없다. 그 녀석들이 나와 함께 살았던 것들을 나는 그 디테일까지 분명하게 기억하고 있고, 잊을 수가 없다. 아마 나이를 먹어서인지 나는 점점 이런 생각을 하게 됐다. 어느 날 그 녀석들을 전부 자세히 기록하여 상세한 생명 장부를 만들기로 했다. 정보가 차고 넘치는 디지털 시대에 망각은 너무 쉽게 발생하기 때문에 이렇게 하는 것이 매우 필요하다고 생각한다.

 오소리와 '얼룩 호랑이', '샤오라이' 외에도 '보물'이라 불린 산동견도 있었는데, 놀랄만큼 똑똑했고, 달리기도 빨랐다. '메이메이'라 불린 매우 예쁜 고양이. 매우 튼튼했던 '왕왕이'. 성격이 특이하고 겉으로는 사납지만 사실은 따스한 얼룩 고양이 '샤오훙'. 이 녀석들 외에도 몸집이 비교적 작은 동물도 있었다. 비둘기 두 마리, 고슴도치 세 마리, 햄스터 한 마리, 참새 한 마리, 붉은턱 울타리새 한 마리, 여치 한 마리 등이다.

조금도 과장하지 않고 말해서 뒤에 말한 것들은 몸집이 매우 작았다. 하지만 성격과 감정이 있었다. 내가 만약 그것들을 처음부터 얘기하면, 길고 긴 이야기가 될 것이니 여기에서는 생략하겠다.

이 친구들은, 어떤 건 행방불명되고, 어떤 건 가슴 아픈 이별을 했다. 또 어떻게 끝을 맺었는지 모르는 것도 있고, 아픔을 참아내며 숲으로 돌려보낸 것도 있다. 또 위독할 때 동물들 특유의 자존감에서 홀로 사람들이 모르는 구석으로 혼자 도망쳐 사라지는 경우도 있었다. 이렇게 우리와 그 녀석들은 언제나 비정상적으로 헤어지면서 한바탕 찢어지는 아픔을 겪었다. 여기에서는 작은 여치의 마지막 날들을 말해 보기로 하겠다.

어렸을 때 기억 속에는 너무나 많은 그 녀석들이 있기 때문이다. 숲에서 여름과 가을만 되면 독창과 합창 일색이었다. 그래서 오늘날까지도 그 소리를 들으면 짙은 녹색 해변이 생각나고 어린 시절로 돌아간다. 그 산 아래 공원에서였다. 나는 짙은 자색 여치를 얻었다. 녀석은 거처로 왔는데 정말 잘 울었다. 우리는 세밀하게 녀석을 돌봐주었다. 녀석을 가능한 큰 바구니에 담아 많은 녹색 식물을 놓아두었다. 녀석에게 오이와 당근을 먹였고, 교외로 나가 녀석이 제일 좋아하는 호박꽃을 따주었다.

이렇게 하자 녀석의 노래소리는 울려 퍼졌다. 나는 행복하게 숲과 어린 시절 속으로 빠졌고, 어느덧 두려운 겨울이 찾아왔다.

온기가 없는 날에 우리는 전기담요로 바구니를 감쌌다. 햇살이 가장 좋을 때에만 녀석을 베란다로 옮겼다.

날씨가 따뜻해지기만을 기다렸다. 날씨가 조금 따스해지고, 햇볕만 쬐면 녀석은 노래를 시작했다. 녀석은 버티고 기대하면서 침묵하는 시간은 갈수록 길어졌다. 녀석은 언제나 바구니 한 모퉁이에 있었고, 더 이상 먹지를 않았다.

마지막 날은 이랬던 걸로 기억한다. 녀석이 온종일 움직임이 없었고, 소리도 내지 않았다. 해가 떠서 베란다는 후끈후끈했다. 나는 다급하게 녀석을 햇빛에 갖다 놓았다. 온몸의 짙은 자색이 강렬한 햇빛에 반짝거려서 예뻤다. 하지만 너무 말라 있었다. 해가 녀석을 비춘 것은 십여 분의 시간에 불과했다. 나는 녀석의 긴 두 수염이 움직이고 두 날개가 가볍게 떨리더니 노래를 부르는 걸 발견했다. 녀석은 힘들게 노래를 했다. 이어졌다 끊어졌다 하다가 갑자기 그쳤다.

내 눈은 줄곧 녀석을 주시하고 있었다. 그 장면은 지금도 눈에 선하다. 녀석은 노래소리로 나와 마지막 작별을 하고 있었다. 녀석의 생명은 이렇게 끝이 났다.

이것이 우리와 몇 달간 동행했던 작은 생명체였다. 녀석은 이름도 없었다.

소년과 청년 시절에 나는 카메라가 없었다. 그래서 '샤오라이' 외에는 사진 한 장 남아있는 것들이 없다. 하지만 마음속 영상은 영원히 또렷하고, 나와 그 녀석들은 묵묵히 마주보고 있다.

우리 책꽂이에 있는 유일한 사진은 바로 '샤오라이'다. 녀석은 영원히 미소짓고 있고, 장난을 치는 모습이다. 우리는 항상 그걸 가져다가 자세히 본다. 지금 우리는 또 그걸 롱롱 앞에 갖다 놓는다. 녀석은 그것을 한참 동안 마주 보더니 오른쪽 앞발을 조심스럽게 뻗어 건드린다. 그리고는 우리를 돌아본다. 녀석은 이렇게 묻고 있는 것 같다. "이 형아는 어디 있어요?"

녀석이 알아듣든 말든 대답해야 한다. 하지만 결말은 피해야 한다. 그 녀석들에 관한 지난 일들은 롱롱에게서는 결말이 바뀌어야 한다. 우리는 롱롱에게 말했다. 롱롱은 해변에 있는

사랑의 강물은 쉬지 않고 흐른다

아름다운 시골에 갔어. 그곳에서 그 녀석은 잘 지내. 롱롱의 남색 눈이 나를 빤히 쳐다봤다. 분명히 만족스럽지 못한 것이다. 나는 덧붙였다. "시골에서 잘 놀고, 잠시도 쉬지를 않아. 그래서 그 녀석에게는 해변이 더 알맞아."

내가 이렇게 말할 때 눈앞에 두 눈을 감은 '샤오라이'가 나타났다. 막 잠이 든 듯, 내 품에 누워 있었다. 그 순간 차가워진 북풍이 휙 하고 불었다. 주인 할머니가 울면서 자신이 녀석을 잘 돌보지 못했다고 자책했다. 우리는 할머니를 위로했고, 눈물이 그치지 않았다. 동향 사람 몇몇의 눈빛이 온통 안타까움으로 가득했다. 쉰 정도 되는 남자는 욕을 해댔다. "못돼 먹은 놈들, 좋은 일 하는 걸 못 봤다니까! 큰 돈 주고 산 기범선, 농기계들을 못쓰게 만들어 놨어. 만들어낸 쥐약 독성이 너무 강해서 말이야." 말하면서 손가락 세 개를 펼쳤다. "3대를 독살할 수도 있어!"

나는 알아듣지 못했다가 나중에 설명을 듣고 알았다. 독으로 죽은 쥐에 고양이가 닿아서 죽으면, 다른 동물이 고양이에 닿기만 해도 죽는다는 것이다. 이건 정말 맹독이었다. 나는 그 사람들이 너무 미웠다. 그 사람들이 만들어낸 세상에서 가장 독한 쥐약이 미웠다.

롱롱과 '샤오라이'의 사진은 함께 기대어 오랫동안 떨어지려 하지 않았다.

한 살

 아이는 우리에게 계속해서 약간의 재주를 가르치고 기능을 배우도록 일깨우는 것을 잊지 않았다. 녀석이 파악하고 처리해야 할 사항의 일부는 어머니에게서 나왔고, 그 이후의 세월을 기다려야 했다. 훈련이 잘 되면 녀석은 악수뿐 아니라 구령에 따라 앉고 물건을 갖고 오기도 한다. 학업에 비유하면 뒤에 말한 이런 기능을 갖추면 '박사' 학위를 딴 셈이 된다.

 우리는 녀석이 거침없이 자유로운 생활을 하기 원한다. 그래서 녀석이 학위를 위해 고생하는 것을 바라지 않는다. 보라, 우리 자신도 어떤 높은 학위가 없는데, 분명히 롱롱도 필요로 하지 않을 것이다.

 그럼에도 불구하고, 롱롱은 배우기를 좋아하는 아이였다. 녀석은 남다른 감수성을 갖고 있었다. 집에 오고 나서 사람을 놀래키는 일을 해냈다. 심지어 우리들이 바빠서 저지르는 잘못을 보충해 주기도 했다. 이전에 말했던 것처럼, 녀석은 우리를 위해 문을 열고, 우리가 깜빡한 초인종이나 전화 벨소리를 일깨워 준다. 또 몇 번이고 큰 소리로 재촉해서 흘러내리는 수도꼭지를 잠그도록 해준다.

 만약 소소한 이런 얘기들에 흥미진진해 한다면 그건 충분치 못하다. 녀석이 마음속에 남긴 감사의 마음은 이런 것들보다 천 배는 중요하다. 여기에서는 마음과 일상적인 기분을 말해야 한다. 인생에서 이보다 더 큰 일이 있을까? 있더라도 너무 많을 수는 없다. 우린 모두 이런 걸 발견하게 된다. 즉 롱롱이 와서 이곳의 모든 것은 조용하게 조정되고 재배치되었다. 모든 것이 조용하게 변하고 있었다. 창문에 가득했던 불안과 혼란스러움, 기류에 따라 불어오는 모든 초조, 이런 것들은 모두 없어지거나 융화되었다. 롱롱의 푸른색 눈이 우리를 바라보면 마치 보다 높은 기대를 보내오는 듯 하다. 말하지 않아도 아는 아름다움 자체는 일종의 격려다. 뒤집어 보자면, 우리 인생은 더 많이 침착해야 하고, 더 많이 관대해야 한다. 그렇다. 생활은 촉박하거나 어두워서는 안된다. 우리 기분은 또 다른 생명의 동반으로 인해 적막을 없앨 수 있고, 함께 더 많고 더 높은 의미를 깨달을 수 있는 것이다. 물론 때로 이것은 의식하지 못하는 어떤 느낌이다.

우리는 항상 눈이 마음의 창이라고 말한다. 롱롱은 정말 우리를 위해 새로운 창을 열어 주었다. 이곳을 통해 우리는 미지의 신비한 매혹적인 세상을 바라보았다. 생활과 생명은 본래 여러 가능성이 있다. 세월의 결말이 만약 슬픔 뿐이라면 다른 보완도 있다. 생활 속에는 이렇게 많은 슬픔과 고통이 있다. 하지만 그렇게 많은 행복도 있다. 이건 모두 진실이다.

우리는 마음속에서 알고 있다. 자신이 그 녀석에게 줄 수 있는 것은 그 녀석이 이미 주었던 것에 비해 얼마나 적은지 모른다. 이런 인식은 하루 종일 포식하고 무병 신음하는 것이 아니다. 내가 숲에서 와서 직접 경험한 바로 증명할 수 있기 때문이다. 인생이 괴로울 때 그 녀석들은 비교할 수 없는 도움을 준다. 만약 그 녀석들이 진정한 약자이자 타자라고 한다면 그 녀석들과 함께 인생을 살아간다면 정말 대체할 수 없고, 가장 믿을만한 선택이 될 것이다.

롱롱이 한 살이 되었다. 시간이 정말 빨리 지나갔다. 정면, 측면, 얼굴부터 발걸음까지 녀석은 정말 소년 같았다. 우리는 녀석의 몸무게를 쟀다. 6.5킬로그램이었다. 또 녀석의 옷차림은 시간에 따라 변화가 일어났다. 눈두덩과 귀는 새까매졌다. 코와 입은 하얗고 매우 단정한 단풍나무 잎 모양이 되었다. 두 눈 위쪽은 연한 갈색이었다. 이는 녀석을 볼 때 서양의 극중 인물처럼 보이게 했다. 즉 마스크 쓴 조로 말이다. 가장 재밌는 것은 그 얼굴이 아니라 녀석의 등이었다. 뒷목에서 반듯하게 대칭으로 짙은 갈색인데, 마치 도롱이를 걸친 것 같다. 나는 녀석을 보면서 머리 속에 대시인 소동파가 귀양 시절에 쓴 싯구절이 떠올랐다. "이슬비 속에 도롱이 쓰고 한평생을 맡기네―蓑烟雨任平生."

이로부터 연상이 되어 녀석의 한 살이 무엇을 의미하는지 생각했다. 알려진 바에 따르면, 고양이의 한 살은 인간의 6,

7세에 해당된다고 한다. 그렇다면 녀석은 정말 소년 시절에 들어선 것이었다. 실제로 녀석은 어미로부터 떨어지는 순간 고독하고 예측할 수 없는 일생을 시작한다. 앞에 뭐가 있는지 전혀 모르는 것이다. 동반자도 없고, 넓은 들판도 없다. 녀석에게 있어야 하는 대자연은 모두 사라진 듯 하다. 우리가 녀석의 유일한 믿음이자 의지처이다.

생존 환경은 이처럼 취약하고 위험하다.

도대체 얼마나 위험한지는 외할머니가 나에게 강요했던 맹세를 통해 엿볼 수 있다.

롱롱 등에 있는 '도롱이'는 많은 것을 떠올리게 한다. 생김새로 봐서 녀석은 예쁘고 깨끗해서 더럽혀질 염려가 있다. 하지만 녀석은 생명 깊은 곳에 용기를 갖고 있어서 준비를 철저하게 하고 있다. 녀석의 가족 혈통으로 유전되는 성격은 참을성이 강하고, 자존감이 높으며, 홀로 지내는 힘이 세고, 따스함과 애틋함이 있다는 것이다.

우리는 준비가 잘 되었나? 이것이 바로 그 녀석들을 받아들이는 모든 가정이 대답해야 하는 것이다. 사람들은 입에 달고 사는 답이 있다. 아무 문제 없다는 것이다. 사람들은 예외 없이 자신감 넘치고 씩씩하다. 하지만 일정한 전제하에서 그런 대답은 실현될 수 있다.

가장 큰 문제는 지금껏 여기에 있지 않았다. 그 전제를 빼고 나서 진상은 또 어떤가?

두 번째 대답은 정말 가혹하다. 그 전제가 뭔가? 사람들이 '불가항력'에 다가가게 되면 뭘 믿고 무방비 상태의 약자보다도 더 약한 생명을 보호할 것인가? 두 가지 '불가항력'이 있다. 그 하나는 사랑이고, 다른 하나는 괴멸과 재앙이다. 앞의 것은 사람들이 어떤 것에도 불구하고 녀석을 가진다. 뒤의 것은 가슴 치며 녀석을 잃게 한다.

곁에서

약하고 작은 생명은 보호가 필요하다. 그리고 이런 보호는 또 하나의 의존을 길러낼 수 있다. 보호가 갑자기 사라질 때 약하고 작은 생명은 두 가지 결말을 맞는다. 혼자 굳세게 살아가거나, 쇠약해져서 떠돌거나 등이다. 매우 크고 강해 보이는 보호자가 많은 경우에 그렇게 강하지도 않고 반대로 매우 약해서 더 약한 것 눈에 기댈 존재로 변해버릴 뿐이다. 그리고 약자가 다른 생명에 의존할 때 그 감정과 책임으로 인해 뜻밖에 강해지기도 한다.

나는 이곳을 생각하면 참을 수 없는 설렘이 일어난다. 물론 나는 외할머니 곁에 있었던 날들을 생각한다. 또 끝없이 넓은 숲과 숲속의 초가집이 생각난다. 외할머니의 진정한 슬픔과 괴로움은 분명히 외할아버지를 여의었던 날부터 시작되었을 것이다. 그날부터 외할머니는 혼자서 원래 살던 곳을 떠나 가장 간단한 물건만 가지고 멀고 먼 숲속에서 생활해야 했다. 이렇게 피하는 것이 절망과 슬픔에 대처하는 방법이었다. 나중에서야 알았다. 인간이든 동물이든 모두 이런 방법을 취한다는 것을.

내가 조금 더 크고 나서 숲속의 노인이 나에게 말해 주었다. 어떤 개와 특히 고양이는 자신들이 가장 절망적인 때가 되면 모든 동족과 다른 생명체에서 벗어나서 혼자서 한 곳으로 가서 생을 마감한다는 것이다. 그때 나는 일종의 냉혹함을 느꼈다. 모든 경험을 동원하여 이런 현상을 이해한다고 해도 결국 여전히 생각이 미치지를 않았다. 하지만 이때부터 한 생명이 일단 이런 방법을 취하게 되면 문제는 극단적으로 심각하게 변하게 된다는 걸 알게 되었다.

당시에 외할머니가 그랬다. 당시에는 아직 내가 없었다. 외할머니 곁에는 엄마도 없었다. 엄마와 아빠는 아직 먼 곳에 있었고, 두 사람은 아무런 소식이 없었다. 당시에 외할머니는 분명히 전체적이고 가장 나쁜 계산을 하셨을 것이다. 하지만 나중에 외할머니 자식, 즉 젊은 엄마가 천신만고 끝에 숲속에 있던 초가집을 찾아냈다. 다행 중에 불행이었던 것은, 아빠가 여전히 소식이 없다는 것이었다. 이때부터 모녀 두 사람은 숲속에서 살게 되었고, 4년이 흘렀다. 5년째 되던 해에 아빠도 이곳을 찾아내셨다. 하지만 1년도 채 되지 않아 산으로 보내졌다. 이와 함께 엄마도 조금 멀리 있는 원예장에서 일을 하러 가셨고, 대략 2주에 한 번씩 돌아오셨다.

나의 출생은 아마도 이곳에서 중요한 변화를 일으켰을 것이다. 왜냐하면 외할머니 곁에 자라나는 아이가 생긴 것이었기 때문이다. 나는 외할머니 곁을 조금도 떨어지지 않았다. 외할머니도 나의 모든 것이 되었다. 외할머니는 더 이상 외로운 사람이 아니었다. 외할머니 몸은 더 좋아지신 것 같았다. 온종일 쉬지 않고 바쁘게 움직이신다. 우리 집은 따스하고 풍족했다. 없는 것이 없었다. 잼, 절인 생선, 버섯, 심지어 엄마 아빠가 돌아올 때나 명절 때 사용하기 위해 남겨 놓은 직접 담근 백주도 있었다.

내가 느끼기에 가장 귀하고 매혹적인 것은 외할머니가 밤에 해주던 옛날 얘기였다. 무슨 일이든 다 있었다. 이 세상에서 외할머니는 모르는 것이 없었다. 가까운 곳에서 먼 곳까지 갔다가 다시 가까운 곳으로 왔다. 먼저 이 숲에 있는 각종 동물과 요괴를 말씀하시다가 마지막으로 외할아버지를 말씀하셨다. 그때 외할머니 말수는 적어졌다. 외할아버지가 많은 동물 친구를 가지고 계셨는데, 이게 내가 가장 매혹적으로 생각하는 부분이었다. 나도 외할아버지처럼 그것들이 필요했다.

이렇게 해서 나는 오소리를 갖게 되었다. 또 '얼룩 호랑이'를 갖게 되었고, 고슴도치, 새, 산토끼를 갖게 되었다. 그 녀석들이 내 옆에 있으면 내가 외할머니 곁에 있는 것 같았다. 나는 어떤 것도 그 녀석들을 해치지 못하도록 한다. 용감한 보호자가 된 것이다. 그 녀석들은 내가 있기 때문에 담대하고 행복하게 변했다. 마치 내가 외할머니 곁에서 느끼는 것과 마찬가지다.

시간이 흐름에 따라 나는 키가 조금 더 커졌고, 숲속의 아는 동물과 식물들이 점점 많아져서 이름을 모르는 것이 거의 없게 되었다. 나는 또 친구 짱짱도 생겼고, 숲속을 쏘다니는 약초꾼 몇 명도 알게 되었다. 나는 사냥꾼을 싫어한다. 반면에 약초꾼 라오광과 짱짱 할아버지를 좋아한다. 그 분들은 모두 다 끝나지 않는 옛날 얘기가 있다. 가장 두려운 것도 숲속에 나타나기도 하는데, 그것들은 수시로 마주치는 '난폭한 요괴'다. 또 험상궂게 생긴 총 멘 사람으로, 흉악하기가 나쁜 요괴와도 같은 '검은 악령'이다.

당시에 나는 밤에 꿈을 꾸었다. 꿈에 사람을 놀라게 하는 난쟁이가 나왔다. 이 사람은 머리와 얼굴에 짙은 자색의 힘줄이 가득했는데, 마치 물가에 사는 독초 같았다. 물에 흠뻑 젖은 채 틈으로 드러나는 둥글고 날카로운 눈은 뱀 같았다. 깜짝 놀라 깨어 일어나자 외할머니는 나를 토닥토닥 위로해 주셨다. 내가 완전히 평온해지라고 재밌는 옛날 애기를 해주셨다. 정확히 말하면 동화였다. 내 호흡은 가빠졌다가 평온해졌다. 그리고 나서 다시 잠에 빠져들었다.

내가 가장 잊을 수 없는 일은 외할머니와 집 아래에 있는 땅굴에 들어간 것이다. 그 곳은 비밀스러운 공간으로, 외부 사람들은 이런 곳이 있는 줄 몰랐다. 그건 아빠가 숲에 있는 집으로 돌아오셨을 때 파낸 것이다. 아빠는 이곳이 최후의 안식처라고 생각했는지 기뻐하셨다. 아빠는 한 남자가 두 여인을 행복하게 해주려면 힘써 일해야 한다고 생각했다. 비록 지금까지 어떤 육체노동을 해본 적이 없었지만 이번에는 깊고 깊은 길을 파냈다. 그 입구는 집 귀퉁이에 있는데, 무거운 상수리나무 판으로 덮은 다음에 그 위에 항아리를 놓았다. 말하자면 항아리를 옮겨야 나무판을 열 수 있고, 그런 다음에 계단을 밟고 내려가는 것이다.

외할머니는 등을 들고 앞서셨다. 얼굴로 좋은 냄새가 불어왔다. 약간 이상한 냄새도 섞여 있었다. 나는 벽에 버섯 꾸러미, 마늘, 마른 콩깍지, 말린 생선이 걸려 있었고, 바닥에는 단지가 있는 것을 보았다. 외할머니가 그것을 열자 진한 향과 매운 냄새가 나서 뒤로 물러나게 했다. 알고 보니 술이었다. 유리병 안에 꿀과 잼이 담겨 있었고, 이름 모를 것들도 있었다. 먹을 수 있는 것도 있었고, 먹을 수 없는 것도 있었다. 외할머니는 꿀을 내 입에 발라 주셨다. 하마터면 달아서 울 뻔했다.

집으로 돌아와 나는 입맛을 다셨다. "우리 집에 좋은 것들이 참 많네요!"

"그것들은 모두 숲에 있는 것들이란다. 얘야, 곁에 미워하는 것들만 생각하지 말거라. 악몽을 꾸니까. 여기에는 미운 것들도 많지만 사랑스러운 것들도 많단다. 운이 좋게도 그래. 만약 미운 것만 있으면 우리는 살아갈 수가 없어." 여기까지 말하더니 외할머니는 내 이마를 짚고는 말씀하셨다. "손가락으로 꼽아 보려무나. 사랑스러운 게 많은지, 아니면 미운 게 많은지 말이다."

난 지금까지 그렇게 세어 본 적이 없었는데, 이제 생각이 났다. 먼저 미운 것을 세어봤다 개를 때리라는 명령을 내린 사람. 외할아버지를 매복 공격한 사람, '검은 악령', 독거미, '난폭한 요괴', '많은 동물을 잡아 죽이는 사냥꾼'. 세어보니 6, 7명 정도였다. 다시 사랑스러운 것을 생각해봤다. 외할머니, 아빠와 엄마, 짱짱과 할아버지, 포도밭의 노인, 오소리, 산토끼, 비둘기, 라오광, '얼룩 호랑이', 메이메이, 왕왕, '보물', 고슴도치, 달, 국화, 감국, 백모근, 하늘을 나는 나비 등이었다. 결국 나는 인정할 수밖에 없었다. 사랑스러운 것은 너무나 많다. 많아서 셀 수가 없다.

외할머니는 나에게 미소를 지으셨다. 나를 안아 주면서 말씀하셨다. "얼마나 좋니. 사람 마음속에는 사랑과 미움이 똑같이 많단다. 고르다고 할 수 있지. 사랑이 미움보다 많으면 그건 이익이야. 얘야, 넌 이익을 많이 본 거야! 앞으로 너는 항상 오늘처럼 처음부터 한번 세어보렴."

나는 고개를 끄덕였다. 얼마나 쉽고 얼마나 중요한가, 나는 반드시 기억할 것이다.

아름다움으로 사랑을 바꾸다

만일 오늘 외할머니 방법으로 처음부터 세어본다면, 우리에게는 사랑스러운 것이 더 많을 것이다. 그것은 바로 롱롱이다. 우리들에게 있어서 녀석의 중요성은 말로 표현할 수 없다. 녀석이 오기 전과 온 후의 날들은, 우리 집에서 보자면 매우 다르다. 왜냐하면 마음의 장부에 기록할 때, 사랑이라는 저울에서 가장 진한 한 획, 가장 무거운 저울추를 놓는 것이기 때문이다.

우리 집에 오는 모든 손님들은 롱롱을 보기만 하면 정신을 집중하기 시작한다. 그리고 나서 좋아하고 칭찬한다. 그들은 먼저 말로 하기 힘든 아름다움에 놀라기 때문이다. 그 남색 눈을 바라보기만 하면 우리 마음은 특이한 느낌을 받게 되고, 이 느낌은 이미 알고 있었거나 매우 새로운 같은 것이다. 그렇다. 예전에 숲속에서 맞닥뜨렸던 생명체들, 예를 들면 오소리와 '얼룩 호랑이' 같은 것들, 또 새라고 하더라도 유사한 느낌을 받은 적이 있다. 나긋나긋하고 치기 넘치는, 아껴주고 싶은 마음이 들게 하고 기쁘게 하는 형체, 알 수 없는 신비한 풍채는 강렬하게 우리를 매료시키고, 오랜 시간 눈을 못 떼게 한다. 하지만 이번에는 롱롱이다. 녀석은 다른 것과는 달리 유일하다. 일상생활 속에서 형성된 우리들의 차가움과 무감각은 녀석에 의해 단번에 없어지고 융화된다.

녀석을 묘사할 가장 좋은 단어를 찾고 있었는데, 그것은 녀석이 온 그 순간부터 시작되었다. 부족한 언어는 사람을 난처하게 만들었다. 결국 옛말을 주워 들었다. "비할 것이 없다." 다만 이것 뿐이었다. 녀석은 순결하고 어리며, 그러면서도 대단한 차분히 걷는 모습을 보인다. 녀석은 장난꾸러기이면서도 항상 조용하게 굴면서 가볍게 어지럽히지 않으려 한다. 작으면서도 위엄이 있다. 수컷의 성질과 함께 뛰어난 기상이 있는 반면에 항상 몸가짐이 단정하고 따스하며 우아하다.

녀석의 아름다움은 이미 사람을 놀라게 하는 모습을 크게 뛰어넘는다. 또 겉에서 안으로, 더 깊은 곳에서 넘쳐 흐른다. 그에 따라 공간 전체를 가득 채운다.

녀석이 얻은 깊은 사랑은 자신의 아름다움에서 비롯된 것이고, 이런 아름다움은 가치를 따질 수 없다.

나는 롱롱이 혼자 지내는 능력이 일반 고양이를 넘어선다는 사실을 발견했다. 나는 이런 생명체의 장점을 너무 잘 알고 있다. 수시로 깊은 생각에 잠기는 상태 같은 것 말이다.

고양이들은 그런 특징을 갖고 있다. 하지만 롱롱은 극치에 이른 것 같다. 녀석은 방해를 받지 않는 조용한 곳을 필요로 할 뿐만 아니라 사람과 친근한 간격을 둔 채로 깊은 생각에 잠길 수가 있고, 먼 데를 바라보는 눈빛도 정말 사람을 숙연하게 만든다. 녀석은 매일 동일한 노선을 따라 산보를 하고, 동시에 자신만의 사색을 한다. 만약 이때 녀석을 부르면 아무런 효과가 없다. 사색은 이미 멀리 또는 높은 곳에서 놀고 있다. 들어도 들리지 않는 상태인 것이다.

내가 롱롱을 아끼는 또 다른 특별한 순간은 바로 녀석이 간혹 갖는 우울한 때이다. 예전에 읽었던 푸시킨의 탄식이 기억난다. "우리 로맨스는 얼마나 우울한가!" 나는 조용히 집에 있는 롱롱을 지켜보았다. 그 순간 그 녀석의 표정을 지켜보는데, 슬픔보다도 더 침울하고 이름을 붙일 수가 없었다. 이 순간 녀석은 괴로운 얼굴이 아니었고, 걱정도 아니었다. 그것은 코가 이상한 모습을 나타내는 것이었다. 말로 형언할 수 없을 정도의 섬세한 코가 변하는 것이다. 양쪽에 함석판을 댄 것 같았다. 아름다움으로 사랑을 바꾸는 힘으로 무거운 압력을 막아낼 수밖에 없어 보였다. 나는 호흡을 멈추고, 그 탄식을 반복하였다. "우리 롱롱은 얼마나 우울한가!"

시골이나 교외 들판에서 사람들은 통상적으로 자신의 고양이가 쥐를 잘 잡기를 바란다. 또 그런 이유로 더 좋아하게 된다. 이것은 현실 생존의 필요이다. 오소리 부류들을 떠올려 보면, 나나 외할머니는 모두 그런 재주 때문에 좋아한 것이 아니었음을 분명하게 알고 있다. 그렇다. 녀석들이 이뤄낼 수 있는 구체적인 사항은 제한이 있다. 말하자면 녀석들은 실용가치로 주인과 교환하지 않는다. 사실 어떠한 실용주의적 생각도 본질과는 관련이 없다. 실용적인 가치가 있어야만 입양한다는 사람도 있다. 그런데 입양 관계일 뿐이지 어디까지 잘 될 수 있을까? 생활 속에서 우리는 '입양'이라는 것에 대해 너무 익숙해 있다. 또한 그 가운데 이른바 '보답'이 사람들을 감동시킨다는 것을 알고 있다. 때로는 무섭기도 하다. 입양된 아이가 주인을 위해서 무고한 대상을 다치게 하고, 약자의 고통에 전혀 개의치 않기도 한다.

롱롱은 잠자는 것과 노는 것, 먹는 것 외에는 다른 일이 없는 것 같다.

하지만 우리는 더 많은 것을 필요로 하고, 그 녀석은 우리에게 더 많은 것을 준다. 녀석은 아름다운 외모를 가졌을 뿐만 아니라 따라잡을 수 없는 성품을 갖고 있다. 남다른 부드러움, 온정, 사심 없음, 순결함, 거기에 생명의 중압감, 사고력, 특히 강한 자아와 존엄이 있다. 이는 내가 마음대로 과장한 것이 아니다. 녀석이 진실로 가진 생명의 자질이다. 태어나면서 그랬다. 자세히 보고 깊이 관찰해 보면 이것이 과장이 아님을 알 수 있다.

우리는 녀석들의 길이 아직 매우 길다는 것을 배우게 된다. 녀석은 음성으로 보여주고 어떤 구체적인 내용을 표현하지는 않는다. 하지만 여전히 우리들을 일깨워주고 영향을 준다. 본보기는 말이 없는 것이다.

강물은 쉬지 않고 흐른다

한밤중에 깨어나 손을 뻗어 만져보니 롱롱이 옆에 있었다. 부드럽고 따스했고, 통통한 발, 매끄러운 털이 만져졌다. 하느님은 고양이를 인간의 왼쪽에 두고, 개를 인간의 오른쪽에 있게 해서 인간의 마음에 새기도록 했다. 그렇다. 오랫동안 그래 왔는데, 오히려 인간들은 이런 복에 대해 본체만체 했다. 하지만 오늘밤 나의 마음속에는 감격이 일어났다. 이 감격의 유래는 오래 되었다. 또 숲속에서의 세월을 떠올렸다. 솨솨 하는 숲의 물결에 깨어난 밤에 떠올린다. 이 시각에 만약 고양이가 곁에 있다면 훨씬 더 좋을 것이다. 외할머니가 내 손을 치우시고 밤에는 고양이의 통통한 코를 만지지 말라는 말씀이 기억났다. 그렇게 하면 녀석의 깊은 잠을 깨우고 자신도 잠을 못 자서 득보다 실이 많다는 이유에서였다.

겨울에는 해변 바람이 거셌다. 아빠는 산에 계셨고, 엄마도 안 계셨다. 다행히 외할머니의 옛날 이야기와 고양이가 있었다. 녀석의 크르릉 소리는 언제나 나를 꿈나라로 데려다 주었다. 아쉽게도 그건 소년 시절 뿐이었다. 지금, 수십년 후에 그 소리를 다시 들으면 얼마나 사치스러운 일인지. 그건 진짜였고, 꿈이 아니었다. 인간들은 그 많은 자질구레한 일들로 인해 하루하루 바쁜 날들을 보내고, 각양각색의 소식들에 둘러싸여 있다. 녀석들은 인간들이 견뎌내지 못하는 것들을 한데 쌓아놓는다. 기쁨, 실망, 분노, 놀람, 두려움, 거기에 벗어날 수 없는 곤경이 있다. 인간이 곤경에 시달리는 것은 만성병에 걸리는 것과 같다. 밤이 되어서 계속해서 기억을 떠올리고 과거가 하나씩 다가오면서 감개가 무량해진다. 만일 인간이 부분 기억을 지울 수 있다면 좋을 것이다. 애석하게도 누구도 그렇게 하지는 못한다. 그건 평생 같이 다녀야 하고, 그림자처럼 동행한다. 둘러싸고 휘감으면서 인간들이 걷기 힘들게 한다.

롱롱의 걸음걸이가 나를 반하게 한다. 느긋하고 자신만만하다. 녀석이 걸으면 사자나 호랑이 같이 기세가 비범하고 당당하다. 하지만 이 모든 것은 녀석의 다른 아름다움을 방해하지 않는다. 그것은 바로 잘 생김과 어여쁨이다. 사람들이 사랑하게 만드는 순결함이다. 나는 수십년간의 얼굴들, 하나하나의 눈동자가 떠올랐다. 그것들은 멀리 사라졌다. 나와는 너무나 멀리 떨어져 버렸다. 나는 롱롱의 눈을 보면서 갑자기 이 눈빛 속에 모든 안부가 모아져 있음을 느꼈다.

일찍이 나는 롱롱을 그 이름들 속에 겹쳐 놓았다. 그 순간 온당하지 않다는 느낌이 들었다. 녀석은 하나가 아니고 그것들의 더하기이자 종합인 것이다. 몽롱함 속에서 나는 녀석이 그것들을 대표한다고 느꼈다. 먼 길을 달려 이 도시에 왔고, 나와 만났다. 이 얼마나 깊은 정인가, 어떤 방문이며 문안인가. 자연스럽게 우리는 모든 사랑과 그리움을 녀석에게 쏟아 부을 것이다.

시간에는 고통, 미움, 우울, 슬픔이 모두 다 있다. 다행히 많은 사랑도 있다. 그것은 손가락을 꼽아도 다 셀 수 없고, 왔다가 다시 간다. 강물처럼 쉬지 않고 흐른다. 오직 이와 같이 날들은 전진해 나아갈 수 있다.

이렇게 많은 사랑이 있어서 만신창이 생활을 구할 수 있고, 조금씩 조금씩 전진할 수 있다.

남쪽에서 전염병이 번지는 가운데 힘겹게 살아가고 있는 친구가 전화를 걸어왔다. 상대방은 근황을 말했다. 특히 집에 있는 고양이에 대해 말했다. 한마디에 나는 눈물을 쏟을 뻔했다. "만약 녀석이 없었다면 날들을 지내지 못했을 거야."

'날들'을 지내지 못하고 정지되면 얼마나 두려울까.

마찬가지로 전염병에 관한 놀라운 소식이었다. 어떤 주인이 병으로 입원했었는데, 퇴원 후에 누군가 공포에 휩싸여 그가 밤낮으로 그리워하던 사랑하는 고양이를 죽인 것을 알게 되었다. 한 시골 마을에서는 마찬가지로 공포에 질려 또 한차례 개사냥 명령을 내려, 이 마을 전체에서 정해진 시간 내에 모든 개를 처리하도록 했다.

이건 내가 수십년 동안 다시 들었던 비보였다. 시간이 지나도 장소는 변하지 않았다. '검은 악령' 패거리는 여전히 있었다. 그들은 인근에 여전히 살고 있었다. 나는 떨리는 목소리로 이 두 가지 소식을 알렸다. 식구들은 놀라 입을 다물지 못했고, 한편으로 눈은 롱롱을 찾았다.

우리는 대경실색했다. 타향에서 일어난 '불가항력'을 생각했다.

롱롱이 다가왔다. 우리는 녀석을 꽉 안아주었다. 만약 모든 사랑이 슬픈 결말을 맺는다면 어떻게 사랑을 할 수 있을까? 하지만 사랑이 없다면 왜 살아야 하는 걸까? 살아가는 것이 무슨 의미가 있을까? 그것은 괴로움일 뿐이다. 하나씩 이어지는 괴로움일 것이다. 우리는 그런 생활을 할 수 없다.

롱롱은 품속에 꽉 안겼다. 녀석의 눈이 우리 쪽으로 향했다. 물처럼 맑고 깨끗하다. 사실 눈만이 아니라 녀석 전체는 물과 같다. 그렇다. 그것이 인간세상에 오면 다른 세상 사람들의 인심을 비추게 된다. 내 턱을 녀석의 이마에 대는 것은 이미 습관적인 동작으로, 자장가를 웅얼거리는 것 같았다. "봐라 롱롱, 절약을 많이 해서 1년 동안 가죽 두루마기 한 벌만 입는구나."

"녀석들 중에 누가 또 이렇지 않은 거지?" 난 마음속으로만 말하고 소리를 내지는 않았다. 나는 아직 고통 속에서 진정되지 않았다. 밖에서 쿵쾅거리는 둔탁한 소리가 들려와서 나는 눈을 감았다. 마치 그 숲속에 있는 것 같았다. 나는 아빠가 산을 굴착하는 소리를 듣고 있었다. 푸른색 산을 찾아내기 위해서 나는 항상 큰 나무 꼭대기에 기어올라갔다.

외할머니와 엄마는 낙엽을 밟으며 걸어오셨다. 아, 두 분 뒤에 한 무리가 뒤따르고 있었다. 알고 보니, 오소리, '얼룩 호랑이', '보물', 고슴도치, 메추라기, 왕왕, 메이메이였다. 맨 뒤에 털뭉치 같은 게 있었는데, 뜻밖에 '샤오라이'였다. 녀석은 머뭇거리다가 좋아하면서 달려왔다.

고양이가 없으면
날들을 지내지 못해

1. 이 소설의 창작동기를 말해 달라.

《사랑의 강물은 쉬지 않고 흐른다》는 첫 동물 소재 소설이 아니다. 나는 벌써 기억할 수 없을 정도로 많은 동물들을 써냈다. 다만 다른 것은, 이 작품이 '논픽션'이라는 것이다. 즉 써낸 모든 것이 진짜라는 것이다. 또 한 가지 다른 점은 작품의 시작 부분과 작품 전체에 나오는 주요 동물은 현재 나와 함께 생활하는 고양이다. 그 아이 이름은 '롱롱'이다.

녀석이 온 것이 우리로서는 큰일이었다. 그 녀석의 눈을 보면서, 수많은 자신의 경험, 특히 동물과 관련된 과거의 일들이 쏟아져 나오고, 그 당시의 생활과 연결짓다 보면 흥분이 그치지 않는다. 이런 추억은 조만간 기록해 두어야 한다. 또한 매우 중요하다고 나는 생각한다. 전염병 발생 기간에 혼자 지내는 시간이 많아졌다. 그래서 기회를 보아 마음을 가라앉히고 잘 기억해 보았다.

2. 당신의 소설을 보면 내가 고양이를 키웠을 때의 기억이 떠오른다. 나도 애묘인이다. 가장 제멋대로였던 것은, 어렸을 때 농촌에 있는 친척 집에 갔었는데, 길에서 고양이 한 마리를 보고는 갑자기 마음이 동해서 차에서 내려 고양이를 잡았다. 그리고 나서 그 녀석을 안고 차에 숨어서 점심도 먹지 않

았다. 성인이 되고 나서 나는 친칠라를 한 마리 샀다. 첫눈에 반했기 때문에 전혀 망설이지 않았다. 나중에 이 고양이를 잃어버렸다. 나는 다시는 고양이를 키우지 않겠노라고 맹세했다. 만일 키운다면 두 마리를 키워야 한다. 아니면 고양이가 너무 외롭다. 고양이를 키우겠다는 내 마음은 죽지 않았다. 후에 친한 친구에게 고양이를 달라고 한 적이 있었다. 고양이가 예뻤기 때문이다. 내가 볼 때, 고양이를 키우는 마음은 연령대에 따라 다르다. 내가 늘 고양이 주인이 되기에 적합하다고 생각했던 것은 노년층이다. 아이는 장난이 너무 심하고, 젊은 사람들은 생활이 불안정하기 때문이다. 어떻게 생각하는가?

당신의 견해로는, 나는 지금 고양이를 키우기에 가장 적합하다. 사실 나의 이 작품에서 다루는 주제 가운데 하나는, 어디에서 어떤 사람이 고양이를 기르는 것이 가장 적합하냐는 것이다. 이것은 결코 작은 문제도 아니고, 어떤 나이의 문제도 아니다. 이 문제를 잘 이해하려면 좀 더 긴 경륜이 필요하다. 실제로 그것은 좀 복잡하기 때문이다. 이렇게 말하면, 누군가는 사람을 놀라게 할 수도 있지만 이 소설(사실은 '사실 기록'이라고 불러야 한다)을 처음부터 보면 아마도 내 의견에 동의할 것이다.

한마디로 내가 겪었던 경험 속에서 고양이 한 마리를 잘 키우는 것은 개나 그 밖의 다른 동물을 키우는 것을 포함하여,

절대로 작은 일이 아니다. 젊은이들은 생활이 불안정하기 때문에 동물들을 키우지 말아야 한다. 그럼 노인들의 생활은 안정되었나? 사람에 따라 다르고, 때에 따라 다르다는 것을 알 수 있다. 만약 한 사람이 자신을 보호할 능력조차 없다면, 사랑하는 동물을 그가 어떻게 보호할 수 있겠는가? 만약 한 사람이 자신도 먹고 살기 어렵고 주거도 일정하지 못하다면 어떻게 고양이나 개를 배불리 먹게 해주고 따듯하게 잘 수 있도록 해주겠는가?

이건 정말 너무 현실적인 큰 문제다. 우리는 처음부터 대답하기 쉽지 않다. 이렇게 막중하기 때문에 나는 이렇게 큰 편폭으로 자세하게 말하는 것이다. 나는 이런 지난 일들이 눈앞에 돌아와서 흥분을 억제할 수 없었기 때문에 자신의 어조를 진정할 수가 없었다.

3. 내 동료도 고양이의 친구다. 그녀는 길고양이 다섯 마리를 입양했다. 내가 고양이를 좋아하는 것도 안다. 하지만 휴대전화를 통해 그녀가 나에게 고양이 몇 마리를 추천해 줬는데, 나는 맘에 들지 않았다. 그녀가 말하길, 알고 보니 너는 외모를 갖고 고양이를 선택하는구나 라고 하는 것이다. 나는 애완동물을 기를 때 당연히 자신을 기쁘게 하기 위해서인데, 예쁘지 않고, 좋아하지 않으면 왜 기르겠냐고 말했다. 그러니

까 고양이를 좋아하는 것과 기르는 것은 다르다고 말하는 것이다. 나중에 이 동료가 내 친칠라를 언급했다. 사고파는 것을 말하는 것이다. 그녀가 말하길, 당신 같은 사람들이 제일 싫다고 하면서, 당신처럼 고양이를 사는 사람들이 있기 때문에 파는 사람들이 있는 거라고 했다. 그녀는 또 내가 고양이에게 목걸이를 하는 것도 반대한다고 했다. 자연을 위배한다는 것이다. 이것에 대해서는 어떻게 생각하나?

그렇게 사랑스러운 생명을 상품으로 여기는 것은, 생각해보면 정말 황당하다. 우리는 아동 판매를 용인할 수 없다. 그럼 아기 고양이나 강아지는 가능한가? 그 녀석들과 아동은 큰 차이가 있는 건가? 우리가 만약 그 녀석들과 오랫동안 함께 살게 되면 눈빛을 주고받을 수 있게 되는데, 그 때가 되면 그 녀석들이 집의 영락없는 구성원이라는 걸 느낄 수 있게 된다. 바로 아이인 것이다. 장난을 쳐도 사랑스럽고, 순결하며 가족의 보호를 필요로 한다. 그런데 현실은 그렇게 적나라하고, 직접적이며, 잔혹하고, 이른바 '고양이 경제'가 있어서 이 생명들에 대한 대규모 매매가 있다.

인류의 사회 문명은 줄곧 발전 과정에 있다. 우리는 아마도 가장 힘든 진보를 겪고 있는 중일 것이다. 이렇게 생각하는 것이 세상 물정에 어두운 사람의 심리도 아니고, 연약한 것도 아니다. 문명의 발전이 그렇게 판단해야 하는 것이다. 인간과 모든 동물의 관계는 끊임없이 조정되어 왔고, 인간도 바로 그 과정에서 자아의 가치와 의미를 찾게 된다.

4. 창작의 마음가짐에서 동물과 사람을 쓰는 것과 사람만 쓰는 것은 어떤 차이가 있나? 평소에 고양이와 상호 작용하는 방식이 많나? 고양이를 기르는 것과 관련해서, 어떤 사람은 이런 말을 한 적이 있다. 고양이를 기르는 사람은 지불형이다. 왜냐하면 고양이는 언제나 사람을 끌고 이곳저곳으로 가기 때문이라는 것이다. 그런데 개를 키우는 사람은 요구형이다. 개는 비교적 사람의 말을 잘 듣기 때문이라는 것이다. 이런 말에 대한 생각은 어떤가?

고양이는 개와 그 밖의 다른 동물과 비슷하다. 따라서 가장 똑똑한 부류라고 할 수는 없다. 이것은 한 사람이 어떤 동물과 더 잘 교류하는지를 보아야 한다. 물론 동물들의 지적 수준과 성격도 많이 다르지만 주요하게 다른 것은 우리와 그들간의 친소관계이고, 그것들과 함께 지내는 능력의 차이다. 야생동물과 집에서 기르는 동물을 비교해 보면 야생동물은 친근해지기 어렵다. 정말 동물을 이해하게 되면 그것들이 상상하는 것보다 더 지혜롭다는 걸 발견하게 된다.

개와 그 밖의 다른 동물들과 고양이가 가장 크게 다른 점은 인류와 함께 지낸 역사가 매우 길어서 이미 '고전 동물'이 됐다는 점이다. 우리가 유명세를 자랑하는 '고전'에 익숙하다면 동물 가운데 고양이와 개는 그런 부류다. 내가 예전에 말한 적이 있듯이, 고양이는 이미 자아를 찾았다. 그런데 개는 아직 아니다. 내가 또 말한 적이 있었다. 하느님이 일부러 인간의 왼쪽과 오른쪽에 고양이와 개를 두어서 인간이 그것들의 온유함과 충성심을 배우도록 했다고 말이다.

그것들은 정말 그렇게 다르다. 하나는 영민하고 또 하나는 예쁘다. 정말 불가사의하다. 나는 개와 고양이를 싫어하는 사람들이 이해가 되지 않는다. 도무지 이해가 되지 않는다. 고양이와 개를 도살하는 사람들은 아마도 가장 나쁜 사람들일 것이다. 우리가 어떻게 그런 사람들을 용서할 수 있겠는가?

5. 사람은 모두 자신의 운명이 있다. 동물도 마찬가지다. 나는 줄곧 고양이가 만약 이생에서 자신을 사랑하는 주인을 만나게 된다면 태어나서 죽을 때까지 그 고양이는 행복한 고양이라고 생각했다. 그래서 나는 항상 고양이로 태어나서 나 같은 그런 주인을 만나고 싶다고 생각했었다. 이 작은 동물들의 운명을 어떻게 평가하나? 그것들의 시각으로 인간들의 생활 상태를 볼 수 있을까? 가정해 보자.

'운명'은 세상의 모든 사물에 속한 것으로, 한 사람으로부터 나무 한 그루, 집 한 채, 동물 한 마리에 이르기까지 모두 자신의 운명을 갖고 있다. 따라서 우리는 운명에 대해 경외의 마음을 가져야 한다. 서로 다른 사물의 운명은 서로 관련되어 있을 가능성이 매우 높고, 매우 복잡한 상호 작용의 관계가 있을 가능성이 매우 높다. 이 점에 대해 말하자면, 우리의 각성을 불러일으키기에 충분하다. 따라서 타자의 운명에 영향을 미치거나 결정하게 될 때에 인간은 반드시 신중에 신중을 기해야 한다. 살얼음을 밟듯이 조심하고 또 조심해야 하는 것이다. 나쁜 운이 어떤 사물에 닥치는 것은 우리에게 있어서 경고이자 훈계다.

행복한 타인들은 생활 속에서 사람들에게 연상을 만들어낼 수 있다. 예를 들어 우리는 자신도 이런 행운을 가질 수 있다고 생각하게 되는 것이다. 만사에 근심걱정 없는 고양이가 되면 주인의 총애를 받게 되는데, 그렇게 되면 분명히 인생에서 어려움이 많은 수많은 사람들의 동경의 대상이다. 개탄스러운 것은, 아무리 행복한 고양이라도 나름대로의 고뇌가 있을 수 있다. 예를 들어, 녀석이 세상에 대한 설명을 듣지 못해서 섭섭하거나 불안해하지는 않을까?

고양이의 고통과 불안을 상상해 보면 우리도 확대해 볼 수 있다. 우주 속에서 인간의 애매모호한 위치를 생각해 본다. 인간은 다원화된 시공간 속에서 자신의 처지가 미망에 빠진 고양이보다 낫지 않을 수 있다는 것을 모른다. 인간은 자신이 만물의 영장이라고 생각한다. 그것은 그 자신의 기대에 불과하다. 진실한 상황은 우리로서는 알 수 없다.

6. 이런 소설을 평상시에 많이 보나? 가장 좋은 작품은 뭐라고 생각하나? 그 이유는?

동물소설, 또는 숲속 생활 소설을 읽어본 적이 있다. 소설 뿐 아니라 사실을 기록한 부류의 것들이 더 매력적일지도 모른다. 그 작품들은 단순히 동물을 의인화할 뿐만 아니라 인간과 동물이 하나가 되는 것을 묘사한다. 예를 들어 내가 인상 깊이 읽었던 것은, 소비에트 러시아의 아스타피예프Astafyev, Viktor Petrovich(1924~2001, 20세기 농촌문학의 대표작가)의 소설 《물고기 왕》이나 수많은 사람들이 읽은 미국 작가 소로우Henry David Thoreau(1817~1862, 철학자·시인·수필가)의 《월든》, 마찬가지로 매우 유명한 잭 런던Jack London(1876~1916, 미국의 소설가이자 사회평론가)의 《황야의 외침》 등이다.

자연 만물에 대한 애틋함, 그 애틋함은 형제의 정과도 같아서 그 자체는 초월적인 의미가 있다. 진정한 인간에게는 그런 감정 에너지와 그런 본능이 있어야 한다.

7. 당신은 1973년부터 작품을 발표하기 시작하여, 장편소설 《고선古船》, 《9월의 우화》, 《고슴도치의 노래》, 《외성서外省書》, 《고원高原에 있는 당신》 등 21부를 창작했고, 《장웨이 문집》 50권을 출판하였다. 지금도 계속해서 매년 최소한 1부의 장편소설을 써내는 속도로 창작을 하고 있다. 시간을 모두 글쓰기에 사용했나? 나머지 시간의 생활은 있나?

사실 나는 많이 써내지는 못했다. '매년 장편 한 권'이라는 말은 아마도 다른 사람이 갖는 대략적인 인상인 듯하다. 사실 나는 3, 4년에 한 권씩 장편소설을 냈다. 내 작품이 많아 보였던 것은 주로 대학과 몇몇 문학단체에서 강의했던 것을 출판한 것으로, 정말 창작한 '작품'은 많지 않다. 나는 읽는 시간이 많고 글 쓰는 시간은 그리 많지 않다. 책상에 앉아 있는 시간도 많지 않다. 나는 야외로 나가기를 원한다. 이것은 어려서부터 길러진 일종의 습관이다. 그래서 야외에서 보내는 시간이 비교적 많다.

기본적으로 나는 글쓰기 과목을 가르친다. 수십 년간 그래왔다. 이것은 가능한 한 전문적인 글쓰기의 성격을 희석시켜 생생한 생활 감각과 문자 감각을 유지할 수 있도록 해준다. 하루 종일 방안에 틀어박혀 글을 쓰는 것은 내가 볼 때 위험하다. 그렇게 하는 것은 사람을 우둔하게 만든다. 삶의 리듬이

활달한 성격을 잃게 되고 새롭고 발랄한 발상이 생기기도 어렵다.

8. 전염병 발생상황에 관해 말해 주기 바란다. 전염병이 당신 창작에 어떤 영향을 미쳤고, 그 영향이 컸나? 가장 인상 깊었던 것은 무엇인가? 작가로서 독자들에게 무슨 말을 하고 싶은가?

최근 1년여 동안 반봉쇄 상태라고 할 수 있을 정도로 많은 사람들의 독특한 삶을 구성했다. 혼자 있을 줄 모르는 사람도 그 상황에 적응해야 한다. 작가의 창작에 대해 말하자면, 이런 환경은 사람을 더 많이 사고하게 할 수 있다. 삶의 엄중한 순간에 우리는 항상 타인과 자신을 관찰하고, 좀 극단화되고 적나라한 표현을 볼 수 있다. 인간성은 극단으로 나타난다. 우리는 자신에 대해서, 혹은 타인에 대해서, 사회에 대해서 놀랄 수도 있다. 그만큼 인간의 정신은 크게 전진해 나갈 수밖에 없다.

이쯤 되면, 최근 1년 여간 또는 더 길어질지도 모를 시간 동안 대체 불가능한 시간이 될 것이다.

1년여 동안 나는 많이 쓰지는 못했다. 단지 이 《사랑의 강물은 쉬지 않고 흐른다》와 오랫동안 쓰고 싶었지만 쓸 수 없었던 장시 (실천에 옮기지 못한 약속의 글不踐約書)만 썼을 뿐이다. 전염병 창궐 기간에 쓴 이 두 창작물은 나에게 매우 중요하다.

냉엄한 순간에 우리는 시련을 겪어야 하고, 또 시련을 겪어낼 수 있다.

8. 앞으로 창작계획이 있다면? 애묘인들에게 가장 하고 싶은 말은?

2019년 내내 나는 거의 한 글자도 쓰지 못했다. 단지 책을 많이 읽기만 했다. 과거 1년간 많이 쓰지는 못했지만 이 글들은 더 중요한 것 같다. 이어지는 1년간 나는 많이 써내지는 못할 것이다. 하지만 과거에 비교해 보면 무게가 더 나갈 것이다. 주로 읽는 데 시간을 쓰고, 읽어야 할 책이 너무 많다. 독서가 많은 경우에 글쓰기보다 더 중요하다.

우리는 고양이나 다른 동물들에게 너무 많은 희망을 걸고 있다. 우리가 그것들에게 해준 일들은 생각보다 그렇게 많지는 않다. 사실 그것들은 언제나 우리에게 많은 도움이 되었다.

전염병 창궐 기간의 우한武漢에서 가장 긴장된 날들 속에, 한 대학에서 일하던 친구가 전화를 걸어왔다. 통화에서 잊을 수 없는 말을 한 마디 했다. "지금, 만약 고양이가 없었다면 이 날들을 지낼 수 없었을 거야." 나는 이 말을 작품 속에 썼다. 그는 조금도 과장하지 않고 사실을 말한 것이다.

지은이

장웨이張煒

1956년 산동성 룽커우시龍口市에서 출생
중국 당대작가, 중국작가협회 부주석
장편『고선古船』,『9월의 우화』,『원하원산遠河遠山』
『고원의 당신你在高原』으로 제8회 마오둔 문학상 수상

옮긴이

신진호申振浩

연세대학교 중어중문학과 및 동 대학원 졸업(문학박사)
연세대학교 인문학연구원 전문연구원
명지대학교 방목기초교육대학 객원교수
역서 :『마테오리치의 중국선교사』
　　　『곽말약의 역사인물 이야기』등
저서 :『중국현대문학사』,『중국문학사의 이해』등
논문 :「21세기 중국의 문화대국 전략에 관한 고찰」,
　　　「중국문화의 세계화 전략」등

*사랑의 강물은
쉬지 않고 흐른다*

초판 1쇄 발행 2024년 9월 30일

지은이 장웨이張煒
옮긴이 신진호申振浩
펴낸이 홍종화

주간 조승연
편집·디자인 오경희 · 조정화 · 오성현
　　　　　　신나래 · 박선주 · 정성희
관리 박정대

펴낸곳 민속원
창업 홍기원
출판등록 제1990-000045호
주소 서울시 마포구 토정로 25길 41(대흥동 337-25)
전화 02) 804-3320, 805-3320, 806-3320(代)
팩스 02) 802-3346
이메일 minsokwon@naver.com
홈페이지 www.minsokwon.com

ISBN 978-89-285-2030-5　03820

ⓒ 신진호, 2024
ⓒ 민속원, 2024, Printed in Seoul, Korea

이 책은 저작권법에 따라 보호를 받는 저작물이므로 무단전재와 복제를 금지하며,
이 책의 전부 또는 일부를 이용하려면 반드시 저작권자와 출판사의 서면동의를 받아야 합니다.